LE
GUIDON

DES

GENS DE GUERRE

ouquel est contenu
l'art de scavoir mener et conduyre
gens de cheval, et de pied, assieger villes,
les assaillir, et deffendre, faire rampars, bastillons,
trenchées, batailles, bataillons, scoyadrons, entreprises, courses,
et autres choses appartenantes à la guerre, utile
et necessaire à tous capitaines, et autres
desirans suyure le mestier
des armes.

Faict et composé par MICHEL D'AMBOISE
Escuyer, seigneur de Chevillon, dict l'Esclave fortuné

* *
*

AVEC PRIVILÉGE

ON LES VEND A PARIS

Au premier pillier de la grande salle du palais, en la boutique
de GALLIOT DU PRÉ, libraire juré de l'Université.

Mil. V. C. xliii.

PUBLICATION DU JOURNAL DE LA LIBRAIRIE MILITAIRE

LE
GUIDON

DES

GENS DE GUERRE

PAR

MICHEL D'AMBOISE

PARIS

LIBRAIRIE MILITAIRE DE J. DUMAINE

ÉDITEUR

30, Rue et Passage Dauphine, 30

—

1878

LE GUIDON

DES

GENS DE GUERRE

POESME DE L'AUTHEUR

A TRES HAULT, TRES PUISSANT ET TRES MAGNANIME PRINCE

CHARLES DE VALLOYS, DUC D'ORLEANS

MICHEL D'AMBOISE, DICT L'ESCLAVE FORTUNÉ,

DONNE TRES HUMBLE SALUT

ET FÉLICITÉ ÉTERNELLE

L'ors et peu après que la paix feut donnée à Charles roy d'Espaigne, cinquiesme de ce nom Empereur, par la Royale Maiesté de ton très-christianissime père le Roy de France, et que nostre armée eut esté rompu, et cessast de faire guerre toute la noblesse Francoyse, de laquelle (prince très illustre) tu es protecteur inuincible, et amateur tres fidèle, Je, le moindre de tes soudars, me retiray vers les muses, plus gracieuses, que les armes, et commencay (pour le ce que au temps de paix la matière me sembloit conuenable) à escripre en poésie où ie m'eshas (les armes prenant cesse) les amours des semidieux. C'est assauoir les Épistres des princes Heroicques, responsmes de celles qui ont esté par Ouide inuentées; lesquelles soubz le tiltre de contre épistre d'Ouide, comme en passant i'ay mis en lumiere; et sans quelque souspeçon te les

dédiay, combien que [1] assez ie iugeasse tel œuure
indigne de toy. Mais quel présent pourrois tu
prendre, si tu delibères seulement recepuoir ce seul
qui t'est appartenant? Qui pourroit donner à ung
très puissant prince filz d'ung roy, plus que très
puissant chose de luy digne, et suffisante? Je
n'ygnore plus que (très magnanime prince) telz
dons, et beaucoup plus grands, t'estre iournelle-
ment donnéz par espritz de plus grande excellence,
que n'est le mien de basse réputation : mais si tu
prends seulement ce que tu n'as point, qui a il en
ce monde que moy pauure, ou autre que moy plus
heureux, te puisse donner, et toy recepuoir?
Entendu qu'il n'est rien, que selon ton désir ne
t'ayent nature et fortune bénignement eslargy. Je
te donnay donc ung liure d'amours, pour te faire
congnoistre mon esprit estre prest et appareillé
d'entreprendre toute chose, tant me feust elle mal-
aisée : ou ie cyderois [2] te donner plaisir. En vérité
les amours qui sont germaines de bonne grace, ne
fient point mal, tant au repos de la paix, qu'au travail des armes à vng filz de roy, et compaignon de
Mars : mesmes que toutes femmes plus volontiers
ayment, qui erent [3], et cherchent sur tous autres les
gens de guerre : car volontiers la femme, qui est
foible, ireuse [4], et merueilleusement vindicatifuez
demande secours et ayde : c'est assauoir vng
homme robuste, fort et vaillant, pour en deffaulte

1. Pour : *Quoique.*
2. Pour : *où je croirais.*
3. Pour : *ceux qui errent (les gens d'action).*
4. *Violente.*

de sa nature luy seruir et secourir. Qui fut pourquoy celle Vénus très-belle, et mère d'Amour, en la guerre de Troye (comme par Homère il a esté élégantement escript) suyuit Mars le dieu des batailles, Phebus le plus beau de tous les dieux délaissé [1]. Qui est donc le prince, le gentilhomme, qui est le souldart, qui aura honte de faire ce qu'ung dieu a estimé gloire et honneur? Et qui ne meslera les amours auec les armes, et les armes auec les amours? Puis que le dieu Mars n'a desdaigné la compaignie de Venus, mesmes en ses plus dangereuses et mortelles expéditions. Or, pour autant que ie n'ay entendu que tu auois estime de mon amoureux présent, combien que i'ay ample certitude que tu l'ayes bénignement receu (s'il est receu), encores vne fois i'ay prins hardiesse de t'imiter par nouveau don à porter tesmoignage de ma volunté enuers toy, (prince très débonnaire) mesmement en ce temps, auquel nous, et presque tous sommes empeschez aux armes, par la faulte de l'ennemy quy a violé iniquement la saincte et sacrée maiesté de la bien désirée paix. A ceste cause (o royalle géniture) entre ces tumultes belliques, et empeschemens de guerre, J'ay ce liure de l'art militaire fait imprimer, lequel ie te dédie. Enquoy faisant il s'en fault tant que ie rompe l'obligation dont ie te suis tenu qu'encores par ce don ie t'en refaitz vne toute nouuelle. Que fais ie autre chose en te dédiant ce liure, sinon que de requérir très-humblement ta fáueur qu'elle luy soit support et protection? Qui soubz ta

---

1. Pour : *ayant été délaissé.*

conduicte et sauue garde s'en va hors des tenèbres mettre en lumiere, affin que de iour en iour, et de plus en plus ie me rende à ta haultesse obligé. Tant seulement ne desdaignes (ce que ie désire) prendre ce liure de ta main forte et victorieuse : et lors ie croiray que tu l'auras veu, et au long leu [1]. Par ce moyen luy donneras réputation. Et pour ceste cause seule il sera estimé, pour autant qu'il t'est enuoyé (prince très redoubté) comme à son tuteur et gardien. Je prends quelque cesse, et repos de mon trauail : ayant opinion que ne luy fauldras de protection, et sauue garde. Je crainctz toutesfois que ie ne sois veu en cecy auoir fait comme le vieillard et folâtre Philo, qui osa disputer de l'art militaire, et de tout ce qui appartient à vng bon capitaine devant ce tant expérimenté et vaillant prince Hannibal. Et encores que ie te cuide pareil ou plus grand que icelluy Hannibal, si esse certes que tu n'estimeras que ie soye totalement priué de la cognoissance de l'art et discipline militaire, laquelle a esté la meilleure part de mon aage (soit dit sans gloire) de moy suyuie et hantée tant deça que dela les mons, comme le mestier le plus louables de tous les autres, dont i'ay voulu toute ma vie faire profession.

Estant armé, i'ai souuentes fois veu l'ennemy armé. Il m'a assailly, ie l'ay chargé. Il m'a prouoqué, ie l'ay combattu ; si que [2] par vicissitude d'honnestes playes en noz corps receues, nous sommes

1. Pour : *et lu tout entier.*
2. Pour : *de telle sorte que.*

départiz plus las que reposez, plus malades que
sains, plus morts que vifz, non touteffois sans enuie
et merveilleux désir de nous reuoir et rencontrer
pour noz forces l'ung contre l'autre plus amplement
esprouuer. Mais Philo ce philosophe (qu'il n'en dé-
plaise à Apollo) toute sa vie auoit consommée en
l'umbre, en la poudre, entre les parois privées de sa
maison : et tant s'en failloit qu'il eust été en la guerre,
qu'il n'auoit iamais veu armée, mesmes son ennemy
nud. Moy autrement. Car souventes fois pour mon
prince le roy ton père, et sa réputation i'ay ma
teste, mon corps et ma vie exposé, et immolé aux
périls et dangers de mort. Souuentes fois i'ay faict
guet, centinelle, ronde, et me trouuois aux factions les plus dangereuses, maintenant à pied,
maintenant à cheual. Toutes lesquelles choses m'ont
donné plus grande et asseurée volunté à escripre
des armes, ce que i'en ay veu et sceu tant par espe-
rience de ma personne que par la cognoissance de
ceulx qui en ont élégantement escript. I'ai doncques escript en temps de guerre ce qui est nécessaire à la guerre, à celle fin que la représentation
des armes mises deuant tes yeulx puisse remettre
en ta mémoire les choses à icelles appartenantes. O
bien heureuse mon espérance, o félice et bien fortuné trauail, si tu le favorises tant soit peu ! Car certainement si tu me donnes faueur, ie ne puis faire
que tout ce que i'en diray, ne soit très-bien dit. A
cette cause (prince très-uaillant) ie te faitz tres-
humble requeste, et que si en ce mestier tu me cog-
nois suffisant, qu'il te plaise me donner ung moyen,
affin que auecques ton ayde ie puisse monstrer

par effect ce que présentement ie enseigne par parolle. Or il ne reste plus que de inuocquer (selon la
coustume des poetes) les dieux pour m'estre fauo-
rables. O doncques dieux et déesses, muses, et
nymphes principallement, o Mars très-puissant qui
dessus tous les dieux es des souldars honoré, estimé
et requis, ie te faitz humble prière par Vénus ta maî-
tresse, à qui i'ai seruy en mes autres œuures :
donnez faueur au présent labeur, aydez ma parolle,
et me donnez suffisance paracheuer à mon honneur
ce que i'ai icy entreprins. I'ay impétré ma requeste,
elle est respondue. Les dieux me fauorisent. Or
doncques (invincible prince), au corps et esprit duquel toutes les vertus de ce monde se sont assemblées, Je commenceray auecques ta grâce, et la
conduycte des haultz dieux, que ie supplie me faire
tant de bien, qu'en cecy ie te puisse aucunement[1]
complaire. Si que ie sois à iamais receu au nombre
de ceulx qui avecques continuel labeur te veulent
donner obéissance du corps et de la vie. Ce que ie
veulx faire iusques aux cendres. Cecy te feut donné
le quinzième jour de moys de mars, l'an mil cinq
cens quarante-deux.

Dieu et nomplus.

---

1. Pour : *en quelque manière.*

L'AUTHEUR AUX LECTEURS

Plusieurs plus que expers, et instruytz en l'art militaire ont d'icelluy élégantement, et vitilement escript : non seulement escript, mais suuiy l'office auec grande solicitude, et dilgence soubz de très bons conducteurs, et capitaines, desquelz toutefois ils n'ont suffisamment parlé, quant à ce qui discerne leur proffit, ou domage. Reserué ung nommé Frontinus, homme de grand conseil, lequel assez commodement et habondamment a tenu propos en ses escriptures des martialles louenges, et belliqueux effectz. Esquelz adiouster selon la puissance, et faculté de mon petit esprit, en ensuyuant les autres escripuains (qui de ceste matière ont aussi escript) me suis aucunement persuadé n'estre mauuais, et inutile. Car de la variété du temps se treuuent industries et raisons variables de guerroyer. Et ainsi que toutes empires, gouuernemens, et régence se muent et changent en pareille sorte, avec eulx nous muons et changeons. Et comme en eulx suruiennent nouueaulx princes et gouverneurs, ainsi aux hommes suruient nouuelle cautelle et nouueaulx moyens de faire guerre, garder leurs villes, et

expugner les estrangés se treuuent, et engendrent.
Parquoy d'aucuns les plusieurs ont voulu dire qu'on
ne pourroit donner certaine reigle ou enseignement qui peust valloir aucunement à l'exercice,
garde, prinse, proffit, ou dommage, des gens exer-
ceans l'art militaire. Mais que tout conseil et enseignement se doit prendre selon l'object de la matière, qui se présente. Pourtant qu'il seroit besoing
de trouuer autant d'effectz, et de remèdes, que de
cas et périlz y suruiennent, croissent, et si treuuent.
A ceulx cy ie respondray briefuement que ce qu'ilz
disent est aucunement vray. Mais qu'il ne peult à
peine iamais venir cas en guerre, que luy ou son
semblable aucunesfois ne soit aduenu. Ce que nous
pouons en cas pareil facilement prouuer par les
anciens iuristes Romains, et empereurs, qui ont, le
temps passé, construyct, fait, ordonné, et institué
les loix iuridicques. Et pourautant que iceulx furent
ignorez les cas aduenir au futur temps, ont ordonné
qu'ilz fussent obseruéz au plus près du semblable.
Nous vserons doncques au plus près des cas futurs
du conseil et document qu'au passé par noz pères
auons esté instruytz. Toutesfois, ce sera l'office du
prudent capitaine ou des sages souldars regarder
et considérer toutes choses concernantes la tuytion[1],
deffense et honneur de leur entreprinse, et diligemment penser et examiner la sortie et fin d'icelle.
Car, soit en guerre ou en bataille, s'il y a chose commise et perpétrée par ignorance, ou par faulte de
y auoir pourueu, après on ne peult trouuer lieu de

---

1. Sûreté.

y remédier. Pourautant que soubdain que l'erreur
est faicte, la peine s'ensuyt. Car bien on est tué par
son ennemy, ou prins, ou par luy on recoit honte,
déshonneur, et dommage.

Si doncques les capitaines, souldars, et autres
qui désirent exercer le mestier des armes, veulent
lire, apprendre, et retenir les proffitables docu-
mens, et enseignemens que i'ay rédigez et mis en
cesluy mien petit liure, et iceulx diligemment veoir,
certes ilz seront, ou pourront estre leurs merueilleusement en tout éuénement de guerre. Pour ce
qu'il est clair et manifeste à tout homme combien en
icelle vault bon conseil, sans lequel rien ne peult
estre, ou longuement demeurer en seureté. Exemple : que proffiteroit auoir grand exercite [1], et
inumérable nombre de gendarmerie, et de gens
de pied, si d'iceulx le conducteur et capitaine
estoit ignorant, et priué de tout bon conseil, et
que ses gens fussent sans experience, et intelligence quelconques.

Certes ce ne seroit fors [2] vne assemblée de pécores
ou bestes, qui ne sçauroient qu'elle part tourner pour éuiter la mort, qui leur seroit prochaine et seure par leur trop grande imbécilité.
Et en cela ne les pourroit deffendre la corpulence,
force, et grandeur d'eulx, ausquelles se on vou-
loit totallement veoir, et se tenir, combien se
trouueroit-il de bestes plus dignes de porter armes,
et combattre que les hommes, et nonobstant

---

1. *Forces militaires.*
2. Pour : *ce ne serait autre chose que.*

qu'icelles bestes soient plus puissantes, grandes, grosses, et fortes que nous hommes. Toutefois par raison nous sommes maieurs, dominateurs et maistres. Ce que nous ne serions, s'elles auoient le conseil et l'intellectiue aussi bonne que nous auons. D'avantage combien vault bon conseil en vne guerre nous en donne l'expérience assez claire Hannibal, iadis duc et capitaine des Carthagiens ; lequel plus par conseil, et par ses finesses, que par puissance de gens, anciennement destruict l'empire Romain ou à peu près. Je laisse tous les exemples que ie pourrois amener pour corroborer et confermer mon dire. Pour ce que plusieurs, et presque tous sont assez aduertiz, que conseil et finesse en fait de guerre sur tout vault[1], et proffite. A ceste cause pourtant que ie suis délibéré d'escripre le gouuernement, et administration qu'on doit tenir et auoir en recommandation à la guerre, je ne veulx seulement parler d'icelluy conseil, tromperie, et finesses, qui se y doibuent faire. Mais aussi tout ce que ie congnoistray appartenir au faict d'icelle, en quelconque manière que ce soit, voulant, deuant que commencer, dire aux lecteurs, que ce que i'en propose enseigner, l'ay extirpé, et prins de la lecture ancienne de ceulx qui en ont escrit, et de maintz bons capitaines et souldars anciens, desquelz i'ay eu et sceu l'opinion. Pareillement d'une partie moy-mesmes me suis trouué à l'experience.

Dieu et nomplus.

---

1. Pour : *l'emporte sur tout.*

LE

GUIDON DES GENS DE GUERRE [1]

QU'IL NE FAULT FAIRE GUERRE SANS RAISON.

Le Roy Démétrius, filz de Antigonus, interrogué par vng sien capitaine nommé Patroclus : pourquoy il ne combatoit son ennemy puis qu'il estoit le plus fort et de vaillance, et de nombre de gens. Pource (dist-il) que quand les choses sont faictes, on ne s'en peult repentir, et fault auant les commencer long conseil et pesante entreprise. Agelisaus, prudent et sage capitaine des Licaoniens, pressé pareillement de respondre aux ambassadeurs de Thebes , respondit: Ne scauez-vous pas (O Thebains) qu'a délibérer d'une chose d'importance, il n'est rien meilleur que le penser longuement. Plutarque à la vie de Sartorius l'estime et prisé grandement, de ce qu'il estoit tardif à délibérer, et grant à l'entreprendre. A ceste cause, ie dis que deuant que commencer guerre, fault de long temps penser si on a iuste cause de l'esmouuoir. Et encores ne doibt aucun faire guerre s'il ne la fait à l'intention que par elle il puisse viure en paix et tranquilité, et non affin que par guerroyer, guerre s'engendre, qui se-

---

1. 2e feuille (pages 17 à 32) du *Guidon des gens de guerre*. — Cette partie formera volume.

2

roit chose cruelle et inhumaine, comme pourroit
aussi estre selon, vaincre et mollester celluy de qui
on auroit receu iniure, par amastz de gens, seulement pour vne enuie de dominer, ou bien par vne
cupidité auaricieuse d'estre riche, lequel par autre moyen seroit facile à ramener à pénitence et
satissfaction. Car où la parole peult vaincre, l'espée
doibt totalement estre remise et recullée. Où touteffois ie parle de pénitence, i'entens de pénitence
non dissimulée, mais vraye et entière. D'auantage
s'il te peut advenir aucun péril ou dommage, par
vaincre auecques doulceur celluy qui t'offense, ie
suis d'opinion, affin de donner terreur et craincte à
ceulx qui en pareil cas te pourroient offenser, que
son malfaict soit griefuement et en publicq pugny.
Car, en ce faisant, l'estime et réputation en pourra
estre plus grande et louable au pugnissant, s'il advient oultre que tu craignes que contre toy aulcun
plus puissant, ou du moins semblable, vueille faire
ou mouuoir guerre et dissention, ie te conseille
lors que le premier (s'il t'est possible) tu l'assailles.
Pource que par coutume, trop plus grand est le
courage de l'assaillant que du deffendant. Et tout
ainsi qu'il est plus vtile de mettre le premier en bataille ses souldards, et assaillir les ennemys, né
plus ne moins te sera proffitable de esmouuoir le
premier ton adversaire. Tant pour ce que i'ay dit
dessus, que aussi en congnoissant par luy ton cueur
non défectueux de magnanimité, il se puisse désister de l'entreprise que parauant contre toy il eust
exécutée. Par ce moyen celluy qui t'auroit molesté
par guerre, pourras contraindre de venir à faire paix

et amyable accord auecques toi. Vng cas est touteffois que ie ne veulx taire. C'est deuant que commencer guerre (combien que tu ayes iuste raison pour la faire) que tu regardes diligemment quelle peult en estre l'yssue. Car il est licite et permis à chascun de faire guerre : mais de la laisser au vainqueur seulement. A ceste cause considère ta force et celle de ton ennemy, quelz ennemys, et quelz voisins tu as, leur puissance et leur foy : à cette fin qu'ilz ne te puissent faire dommage, lors que tu seras empêché ailleurs à faire aultres armes. Et d'auantage pense aultres choses qui te peuent advenir, et quels gent tu peulx par ta guerre faire amys ou ennemis, et comme si ceulx cy t'estoient amys, et ceulx là ennemys, tu pourrois venir à chief[1] de ton entreprise. Après toutes lesquelles choses tu doibs faire provision et amastz de tout ce qui t'est nécessaire à ton exercite et armée, et le plus secrètement que tu pourras, affin que tes ennemys ne soient advertiz de ta délibération, et qu'ilz ne cognoissent la cause enquoy ilz te pourroient le plus molester. Et doibs de longue main faire les préparations. Car bien souvent la préparation faicte de longue main apporte briefue victoire. Et doibt celluy qui le premier est motif de la guerre considérer toutes les despenses, nécessitez et munitions qu'il est convenable faire, auoir, et despendre à icelle maintenir et paracheuer, pour tant que si la victoire estoit prochaine, et que par faulte d'argent, de viures et de munition elle feust retardée, ou du

---

1. Venir à bout.

tout adnichilée. Que seroit-il autre chose de si peu sagement considerée entreprise? sinon vne honte et villenie enquoy tu tumberoys. Et pour cette cause aduient souuent, que qui légièrement commence vne guerre, plus légièrement beaucoup il vient au repentir, et fault aucuneffois que par légièreté d'esprit l'assaillant vienne humblement requérir prix au deffendant, qui est vne vergongne[1] grandement vitupérable. Parquoy il faut penser en beaucoup de iours (comme disoit iadis Publius Mimmus) ce qu'il fault faire en vng.

QUEL CORONAL, CHEF OU CAPITAINE IL FAULT ESLIRE POUR LA GUERRE.

Coronal, ou capitaine pour ton armée, ie te conseille eslire ung qui soit noble et bonne maison, qui ayme son honneur plus que sa vie, et qu'il soit sans vice; car qui veult sur autruy dominer, il est besoing que premièrement luymesmes se domine et maistrise. Car où l'appetit, c'est assauoir la sensualité, domine et gouuerne, toute raison cesse, sans laquelle, seulement par figure, non par effect, nous pouons estre appeléz hommes. Et sur tous vices doibt fuyr le bon capitaine luxure et auarice, deux maulx, que tout le monde doit aussi éuiter, pour ce qu'ilz engendrent effectz innumérables. La luxure rend l'homme infâme, et à ses amys et ennemys contemnible[2], et qui plus est dommagea-

1. *Honte.*
2. *Méprisable.*

ble. C'est que, si le capitaine est luxurieux et
paillard, pareillement le seront les souldars; car
communement, si le chef est malade, les membres
s'en sentent. Et, à ceste cause, les souldars avecques leur capitaine deuiennent effeminez, chose
aussi contraire à l'homme de guerre, comme est
l'eaue au feu. Pourtant que ce pendant qu'ils
s'adonnent aux actes vénériens, ilz perdent la
fortesse qui appartient seulement au vaillant
homme, en laquelle faïre demeure ilz debueroient
totalement laborer, ce qu'ilz ne peuent suyuans
ceste lubricité contagieuse, qui leur oste entière-
ment le pouvoir non seulement du corps, mais
aussi de l'entendement. Et d'auantage, l'homme en
qui sera la luxure, à peine iamais pourra estre vertueux, tant fort se hayssent vertu et luxure, entre
lesquelles ne peult estre aucune espérance de paix,
ni d'amytié.

L'auarice pareillement du capitaine rend pares-
seuse sa compaignie et couarde, ià sache qu'en [1]
icelle soit multitude de gentilz compaignons.
Et n'ont courage les souldars, pour leur auaritieux
chef (et à ceste cause odieux), faire aulcuns actes
de valleur, et eulx exposer et mettre aux périlz ou
dommage de leurs personnes; car ilz pensent
qu'en vain ilz trauailleroient, et sans raison se
mettroient aux dangers de la mort, s'ilz faisoient
seruice à leur capitaine, duquel ilz ne cuyderoient
tirer, après leur bienfaire, aulcun émolument,
proffit ou récompense, de ce qu'à le seruir loyalle-

---

1. En admettant même qu'en...

ment auroient exposé et mis : qui est la cause que
le plus souuent se perdent les batailles. Car on ne
scauroit mieulx oster le cueur d'ung bon compaignon que de lui oster sa paye, et, sans le cueur,
le corps ne sert plus que de montre. Parquoy, ie
dis que si le capitaine est un auaricieux, et qu'il
ne face son debuoir de bien faire contenter ses
gens, qu'à toute peine pourra-il iamais auoir vire
de [1] ses ennemys. Mais que fault-il référer toutes
choses? que la fontaine [2] et le commencement de
tous les maulx sont ces deux vices, luxure et auarice.
Oultre il est besoing que celluy que pour capitaine tu vouldras eslire soit bien fortuné et heureux;
pourtant qu'il est des hommes tant malheureux de
nature, et ausquelz est tant aduersaire fortune, que
ce leur est chose péculière et commune d'estre
tousiours surmontéz et vaincuz; et ne pourroient à
cela obuier quelque multitude et puissance de gens
de guerre qui leur fust en ayde, tant ilz sont
eslongnez de l'heur d'obtenir et rapporter triumphe
et gloire victorieuse de leurs ennemys. Il est donques requis à vng bon capitaine estre heureux, et
aussi que, dès sa ieunesse, il ayt tousiours milité
et suyuy les gens de guerre en bonne réputation
de sa personne, soubz de bons capitaines, et qui
se soit tousiours trouué au reng de ceulx qui par
leur bienfaire méritent honneur et louenge de tous
leurs compaignons, non pas encores seulement
d'eulx, mais aussi des estrangers. Par ce moyen
expérimenté, il pourra estre crainct de ses ennemys

1. Repousser.
2. Pour : la source.

et obéy singulièrement de ses souldars, ausquelz il fault qu'il soit égal et semblable en habillemens, et qu'il ne commette aucune chose impétueusement ou légièrement faict encontre iceulx, mais suyuant raison et discrétion. Il y a beaucoup d'autres choses qui appartiennent à l'eslection d'ung bon capitaine, que ie déclarerois icy, si ce n'estoit que habondamment i'en ay fait déclaration en deux aultres liures que i'ay composéz, et aussi que i'en parle encores en plusieurs chapitres ensuyans.

QU'IL FAULT AUOIR PATIENCE ET DISSIMULER EN LA GUERRE.

Il y a beaucoup de choses qu'il est besoing d'endurer en temps de guerre, lesquelles en temps de paix ne seroit licite supporter; et ne fault en guerre de toutes les iniures qui te pourroient estres faictes incontinent te venger, mais conuient, et le debuons ainsi faire, dissimuler icelles iniures et en retarder la vengeance, iusques après la guerre finye; affin qu'en vng mesmes instant, nous ne nous comparions et facions plusieurs ennemys, desquelz l'impétuosité nous seroit difficile ou bien impossible à supporter. Il n'est certes rien plus légier que de commencer noyse; mais l'appaiser et en venir au dessus auecques son honneur, rien n'est moins facile. Et encores les petites estincelles (desquelles nous ne tenons grande estime) causent le plus souuent et excitent grandz bruslemens et arsures.

QU'IL FAULT QU'UNG CAPITAINE AYT VNG CUEUR INUINCIBLE.

Le sage capitaine, qui est très expert en l'art militaire, ne doibt iamais, ou vaincu ou vainqueur, se reposer, ou désespérer ; mais tousiours se montrer courageux, et magnagnime, sans faire estime ou de la victoire, ou de la perte. Car par ce moyen, vaincu ou victorieux, ses ennemys le crainderont plus que homme au monde. Et absent ou présent, penseront qu'il leur peult estre de grand dommage. Parquoy, le capitaine de tel cueur pourra aysément auoir paix (s'il la demande) de ses ennemys, ou bien louenge et victoire.

CAUTELLE POUR PRENDRE UNE VILLE D'ASSAULT.

Toutes villes, ou chasteaulx sont plus ayséz à prendre par vng costé que par un autre. Parquoy, en icelle part que la ville ou le chasteau est plus difficile et malaisé à assaillir, doibt le capitaine ou chef de l'entreprinse faire retirer toutes ses trompettes et tambourins, et de ce lieu faire viuement et chaudement sonner l'assault ; à celle fin que, par leur horrible clameur et impétueux sons, esmeuz ceulx qui sont commis et instituéz pour la deffence de la ville, se transportent celle part pour receuoir les assaillans. Par ce moyen, se pourra laisser aucune partie de la ville sans garde, par laquelle le capitaine fera donner l'assault chauldement. Car, où il y a peu de deffendans, auecques plus petite perte de gens on peult escheller les murailles, et

dauantage le petit nombre de gens est souuent
mesprisé par la multitude ; aussi la multitude peu
ou iamais par le petit nombre de gens est surmontée.
Encores autrement en celà pourra faire le bon
capitaine ; c'est que les ennemys le souuent laissent
la part de la ville (qu'ilz veullent deffendre) la plus
forte et la moins prenable, auecques petite garde.
Et se retirent voluntiers vers le costé de la ville,
quilz sentent le plus foible, et où ilz cuident auoir
l'assault. A ceste cause, doibt le prudent capitaine
(s'il congnoist le lieu conuenable pour ce faire)
prendre la meilleure part de ses souldars, et les
plus gentilz compaignons, tant de sa gendarmerie
que des gens de pied, et faire assaillir la forteresse
de la ville où il ny a tant de gens pour la deffence
qu'aux lieux plus foibles. Et ainsi pourra facilement
gaigner la ville pour les raisons dessusdictés.

QU'IL FAULT FAIRE QUAND ON SCAIT QUE SES ENNEMYS
SONT LES PLUS FORS DES GENS.

Où la multitude des ennemys sera plus grande
que la nostre, le conseil sera vtile que si, auprès
de nostre armée, nous auons gens sur la mer
que d'icceulx nous les renforcions, ou bien, s'il
n'en y a, que soubdainement nous mettions peine
de gaigner quelque gent voysine, affin qu'en nombre
et en vertu nous leur soyons semblables; car la
multitude des ennemys faict aucunes fois paour au
petit nombre, et aussi pour croistre nostre armée,
nous pouons donner crainct fort grande à noz
ennemys, quant ilz scauroient que nous auron

secours contre leur espérance, et que nostre armée
sera creue contre leur opinion. Alors, pour vray,
par si grande alacrité de courage ils ne nous assaul-
dront, comme auant l'augmention et recreue de
noz gens ilz eussent peu faire. Le bon capitaine
doncques aura souuenance de croistre et de multiplier tousiours son armée, tant qu'il pourra, sans
regarder aux impenses et despences de deniers
qu'en cela il scauroit faire, affin que de nombre et
de vertu de gens il soit plus grand, du moins
semblable à ses ennemys.

QU'IL EST VITUPÉRABLE A VNG CAPITAINE EN ESTÉ RETENIR SES GENS EN MAISONS ET SOUBS COUUERTURES.

A vng capitaine doibt estre grande honte ou
plus très grand deshonneur, en temps estiual et
chault, tenir ses gens soubz couvertures, au quel
temps il debueroit fortement et virilement par-
fournir sa guerre. Et ne donne à entendre celluy
qui en tel temps les tient en maisons à ses ennemys,
sinon que luy et ses gens sont tendres, délicatz et
sans expérience d'auoir iamais souffert aucun
trauail, qui seroit la cause principale de le faire
contemner et mespriser à ceulx qui le pourroient
craindre, si au soleil, à la pluye et au vent, au chault
et au froid, il tenoit ses souldars, lesquelz il doibt
plus tost entretenir au labeur par exercice et à la
peine, que non pas au séiour et aux délices; affin
qu'après auoir souffert grand trauaulx, et accous-
tuméz ès grands labeurs, la peine qu'ilz pourroient
auoir au faict des armes ilz trounassent légière et

petite au regard des maulx par eulx deuant tollérez
et soustenuz. Car rien n'est plus grand ny meilleur
à vng souldard ou à aultre, que l'acoustumance des
grands labeurs; pour autant que par iceulx les
moindres sont estiméz de petite importance, combien que qui souuent y regarderoit de près, les
pourroit cuyder estre importables.

QU'IL FAULT ESLIRE ET PRENDRE LIEU OU L'ON VEULT DONNER
BATAILLE A SON ADUANTAGE.

Le capitaine, deuant que donnait la bataille à ses
ennemys, regarde luymesmes le lieu ouquel il a
délibération la donner.

Je dis luymesmes : car plus vault le tesmoignage
d'ung qui l'a veu, que de dix qui l'ont ouy dire.
Aussi rien n'est plus fidèle que l'aspect propre. Et
en ceste contemplation et veue des lieux, doibt
ententivement considérer ce qui luy pourroit estre
vtile ou nuysible, et en quelle sorte selon la situation
du lieu il pourroit ordonner ses gens, et s'il peult
faire quelque finesse, ou surprendre ses ennemys,
ou bien si par eulx peult estre surprins et assailly
à son préjudice. Mais deuant que là se transporter,
se soubuiendra le prudent capitaine de faire
explorer et congnoistre par ses familiers et fidelles
explorateurs ou espies, s'il y a point là aulcun
dangier de ses ennemys, et s'il peult aller seurement. A celle fin qu'en sa personne, ne fust fait
moleste ou violence au préiudice de toute son
armée.

DE QUELZ HABILLEMENS FAULT QU'UNG CAPITAINE SOIT VESTU.

De habillemens vng capitaine soit semblable à
ses souldars ; car en cellà il acquerra merueilleusement la faueur de ceulx qui sont soubz sa charge,
pource qu'ilz penseront à l'occasion d'eulx estre
faict, et que par vne vraye humilité et honesteté
leur capitaine, sans se monstrer enuers eulx
superbe ou arrogant, désire totallement estre esgal
à leur volunté. Toutesfois, il est nécessaire (combien
qu'il soit pareil en habitz), qu'en vertu il les sur-
monte, pour autant qu'il est conuenable à celluy
qui a domination sur aultruy que d'autant qu'il a
illustre autorité sur luy, que d'autant qn'il soit
maieur en vertueuse opération et bonnes mœurs ;
autrement le nom de capitaine mauuaisement
mériteroit, s'il estoit inférieur et moindre en vertu
de ses subiectz.

QU'IL FAULT CONGNOISTRE LES MEURS DE SES ENNEMYS
DEUANT QUE LEUR DONNER BATAILLE.

De s'assembler pour combattre auecques ses
ennemys, sans premièrement congnoistre leurs
meurs et façon de faire, est merueilleusement de
grand péril, et par celà souuent à maintes armées
aduient de très grandz dommages ; et si le capitaine
est fin et non ignorant le faict de la guerre, certainement iamais ne viendra au combat auec ses ennemys que premièrement il n'ayt congneu entière-
ment leur mode, meurs, et façon de faire. Pour

autant que toutes les nations du monde n'ont semblable action et manière de faire guerre ou combatre. Auecques les vngs, fault ordonner sa gendarmerie et ses gens de pied en vne sorte, et
auecques les autres, en vne autre sorte ; les vngs
fault combatre ainsi, et les aultres aultrement.
Parquoy il est besoing de congnoistre les gens à
qui lon a affaire, et auec telle congnoissance ne
fault oublier au sage capitaine, sur le tout de son
affaire, de s'enquérir et demander le conseil que
tiennent et qu'ont délibéré faire ses ennemys ; ce
qn'il pourra facilement scauoir par ses espies, par
lesquelz il peult estre aduerty des conditions d'eulx,
et de leur délibérations, selon laquelle il doibt
mettre ordre en ses gens.

DES ALLEMANS ET FRANÇOYS.

Qvand lon faict guerre aux Allemans ou Françoys,
on doibt, tant qu'il sera possible, prolonger et
eslongner le combat et vniuersel conflict ou bataille,
pource que l'une et l'aultre nation est délicate en
leurs corps et impatiente aux peines et labeurs, et
sont merueilleusement tost lasséz par soif et par
faim. Parquoy souuent comme non acoustuméz à
porter trauaulx, deuiennent foibles et sans forces,
de telle sorte qu'ilz n'ont puissance d'eulx deffendre
ny d'assaillir. A cette cause, par dissimulation, on
peult d'iceulx facilement obtenir ce que par force
seroit peult estre impossible ; car Françoys et
Allemans sont chaulx et bouillans, et qui chauldement les assauldroit, il seroit de grand peine

estaindre et abollir si extrême chaleur. Il fault donques plus enuers eulx vser d'attente que de légièreté, si lon en veult la victoire. Pareillement, si contre les autres nations veulent les Françoys et Allemans esmouuoir et faire guerre, pour les surmonter facilement, ilz doiuent chauldement les assaillir et molester, pourtant qu'ilz sont plus duictz[1] à porter les armes que aucune autre nation et n'est gent si duicte à la guerre qu'eulx : combien qu'ilz ne scauent dissimuler, comme les Italiens et Espaignolz, esquelz principallement gist disimulation, finesse et prolongation de temps, dont ilz ont plus que de cueur ne de force.

QU'IL EST BESOING FAIRE QUAND EN VNG CAMP S'ENGENDRE NOYSES ET DISSENTIONS.

Qvand en vng camp il suruient quelque tumulte ou dissention ciuile entre les bandes des vngs contre les autres, le coronal de l'armée ou les capitaines desdictes bandes doibuent gracieusement et par doulces parolles appaiser leur vouloir, eschauffer des gens d'armes et des esmeux souldars, et, après auoir estainct et appaisé le tumulte ou sédition, les aucteurs estans cause d'icelle, tant seulement faire punir par glaiue, c'est-à-dire que aux inuenteurs par qui la noise fut commencée, on doibt faire publicquement trancher les testes, ou iceulx enuoyer en prison parfonde, iusques au temps plus conuenable à disposer de leurs personnes ; à

1. Pour : *mieux instruits.*

celle fin que la peine soit à peu de gens et l'exemple à beaucoup, et aussi que, par telle pugnition
publicque, souldars puis après se gardent de nourrir ou susciter telles séditions pernicieuses et
domageables, ce qu'ilz feront de paour d'encourir
semblables peines.

DE LA MANIÈRE COMMENT IL FAULT REGARDER LE FORT AUQUEL SONT SES ENNEMYS.

Le capitaine qui a vouloir d'entendre combien
les fors ou forteresses de ses ennemys sont munies
et deffensables, doibt simuler la paix auecques eulx,
et par ce moyen, soubz espèce de chose honneste,
il pourra enuoyer des explorateurs ou espies expers
et scauans en l'art des armes deuers eulx, qui
pourront diligemment congnoistre de quelles forces
sont leurs villes ou chasteaulx, et par quel chemin
ou par quel moyen on les pourroit assaillir ou surprendre. Et après leur rapport fait, il sera facile les
faire assaillir ou de nuyct ou de iour, selon qu'il
scaura que le temps luy sera plus conuenable, et
que la force de ses ennemys sera grande. Enquoy
faisant, facilement en pourra venir au dessus, et
auoir victoire d'eulx : car c'est vne chose de petite
peine, surmonter celluy qui ne se donne garde, et
aussi facile affaire que de vaincre vng homme endormy.

QUE LE CAPITAINE DOIBT PRENDRE LA PAIX QUAND ELLE LUY EST OFFERTE, PLUS TOT QUE LA GUERRE.

Vng sage capitaine iamais ne doibt refuser la paix, qui luy peult apporter aucun honneur ou vtilité : encores qu'il feust en grosse espérance d'obtenir victoire, de paour que. fortune (laquelle peult estre seroit lors pour luy) ne tournast sa roue, et qu'en lieu de lui estre fauorable, ne lui fust contraïre et changeable, et que par sa réuolte et changement luy, qui cuyderoit estre vaincueur, feust vaincu. Ce qu'on voit aduenir souuent : car tel refuse qui après muse[1].

DES TROMPETTES, TAMBOURINS ET BRUYT QU'IL EST BON DE FAIRE, QUAND ON VEULT VENIR AU COMBAT.

Qvand noz ennemys approchent et que nous sommes si fort approchéz qu'il ne reste que de laisser courre, il ne sera point mauuais de commander à tous les harquebousiers de mettre le feu aux haquebuces, aux trompettes de haultement sonner, et à tous vniuersellement crier, en sorte que des sons, clameurs et cris soit emply l'air, et que par iceulx les ennemys soient estonéz, et à noz gens le courage creu. Combien certes telle manière est profitable aux combattans, la desconfiture Pompeienne (qui.ne sera iamais mise en oubly) nous en fait espérience, pource que Pompée, voyant les Romains ses ennemys prestz à combattre, com-

1. Pour : *attend en vain.*

[1] manda à ses gens que sans bruyt et sans clameur, petit à petit, assaillisssent leurs ennemys, ce qu'ilz feirent, qui fut la cause de les faire deffaire, et tourner en fuyte.

QUELZ GENS IL FAULT POUR L'ARRIÈRE GARDE.

Aye bonne souuenance vng bon capitaine, qu'il fault tousiours qu'il mette en vne arrière garde les plus gentilz compaignons et ceulx à qui il a le plus de fiance, pource que icelle entière sans danger pourra estre le reste de ses bandes, ou bien par elle se pourra auoir victoire glorieuse des ennemys; pour autant que les autres, en combatant petit à petit, s'amoindrissent, apetissent et lassent. Et l'arrière garde, ainsi garnie de gens comme dessus, récente et fresche de puissance, désirant de combatre courageusement, se meslera auec ses ennemys, lesquelz deffaire sera petit labeur, veu que désià ils seront las, et qu'ils trouueront encores les derniers trop plus ardans, véhemens, et plus haulte force que n'auroient trouué les premiers assaillans, qui leur sera peine non portable. Et par ce moyen, perte de bataille et dommage, tant ès biens qu'ès personnes.

DES GRANDES ET RICHES VILLES.

Les grandes et opulentes villes ne sont de longue demeure en leur prospérité, s'ilz n'ont aux champs tousiours quelques ennemys. Parquoy ces villes qui ont si grand empire et domination opulente, et

1. 3e feuille (pages 33 à 48) du *Guidon des gens de guerre.* — Cette partie formera volume.

qui se gouuernent par annuelz magistratz, doibuent regarder à tousiours auoir quelqu'ung leur contraire [1], affin qu'elles ne soient détenus par paresse ès délices, par lesquelles viennent tous maulx. Car, ce qui fait auoir prospérité à telles villes, c'est le labeur et exercice des citoyens priuéz, duquel la chose publique deuient rien. Ainsi que nous pouons assez facilement coniecturer par Rome, à laquelle tant que a esté Carthage ennemye et contraire, tousiours l'empire Romain a flory en biens, force et amys ; mais Carthage abbattue et démolye, pareillement Rome et sa puissance a esté ruynée et perdue.

QU'IL EST BON DE FAIRE QUAND ON VEULT METTRE LE SIÈGE DEUANT VNE VILLE.

Qvand on veult mettre le siège deuant quelque ville, le coronal ou capitaine doibt vne partie de ses gens, et la plus forte, faire tenir en armes, iusques à tant que le camp seroit bien assis et posé, et aussi que toutes les munitions d'icelluy seront parfaictes : car bien souuent, en mettant vng siège sans tenir ordre, aduient que les assiégeans sont par les assiégez, assailliz et mis en fuyte, ruyne et desconfiture, et par ce moyen on a veu bien grosse armée estre perdue et deffaicte ; d'autant qu'il n'est difficile vne armée deffaire, qui est sans armes et sans crainte de tel aduenement, quand soudainement par quelque nombre de gens bien équippéz,

1. *Qui leur soit hostile.*

elle est vigoureusement assaillie. Cecy peult estre assez prouué par les Esclauons, lesquelz surprins des Vénitiens, furent vilainement chasséz, vaincu et desconfitz.

QU'IL FAULT FAIRE POUR GARDER SON AMY EN TEMPS DE GUERRE.

Qvand vng capitaine (contrainct par quelque nécessité) soubdainement ne peult donner ayde ou secours à son amy, s'il scet qu'il en soit en grand peine pour l'empeschement de ses ennemys, il doibt diligemment iceulx ennemys de toute sa puissance master, pugnir, et d'iceulx prindre vltion et vengeance; affin que au temps aduenir ses autres amys qui le congnoistront stable et fidelle persistent enuers luy en l'amytié desià promise, donnée ou conformée, et leur sera grand exemple qu'ilz deueront tenir fidélité immortelle à celluy qui en telle sorte auroit vengé son amy, ce qu'ils feront de meilleur cueur et de plus franche volunté, sans iamais aller au contraire de ce qu'il vouldra leur dire, prier ou commander. Ainsi ont tousiours les anciens Romains entretenues et gardées les barbares et estrangières nations soubz leur empire et domination. Toutesfois, ne soys prompt à faire amys, mais constant et ferme à les entretenir, quand tu les auras, comme dit Suetone que faisoit Auguste César.

QUE SOUBDAINETÉ EST BONNE EN GUERRE.

Les chasteaulx et villes, encores qu'elles soyent

fortes et de bien difficile prinse, souuentes fois par soubdaineté (qui est de toutes besongnes victrice) sont opprimées et surprinses. A ceste cause doibt n'estre ignorant le bon capitaine que le meilleur bien qu'il puisse auoir pour venir à chef bien tost de ses entreprinses, c'est d'estre diligent et soubdain à exécuter, après auoir meurement déterminé et consulté son affaire : car l'expérience ancienne et moderne donnent assez à entendre combien vault diligence en la guerre, par laquelle en lieu d'estre vaincu, on est vaincueur. Cecy tesmoignera Scandabergus, iadis roi des Esclauons, qui par sa diligence contre le Turcq a obtenues les plus belles victoires de ce monde.

DE L'ORDRE QU'IL FAULT TENIR EN VNE BATAILLE.

C'est vne chose de grande seureté quand les gens de guerre ne passent et excèdent leur ordre en vng combat, et plus que nécessaire à ceulx qui désirent obtenir la victoire, marcher en bonne ordonnance, par laquelle est très facile à l'acquérir. A ceste cause, le capitaine doibt non pas vne fois seulement, mais deux, trois, quatre fois admonnester et faire commandement à ses gens sur peine de la hard, ou autre peine, qu'il n'y ayt homme en sa trouppe si osé ne si hardy de sortir, ny passer le lieu où il sera mis, et mesmement quand on veult combatre auecques la gent orientalle. Car, par ce moyen, on les peult tuer comme bestes. Auquel édict, admonnestement ou commandement du capitaine doibt chascun des gens de guerre obtempérer et obeyr,

ce qu'ilz feront aisément, mais que leur chef et conducteur soit en réputation d'estre en tel cas espéri-
menté. Encores pour mieulx retenir les compaignons en leur ordre est nécessaire au capitaine
eslire les plus gentilz compaignons de sa trouppe
et les plus espérimentéz, que nous appellons maintenant sergens de bande, affin qu'eulx hors des
rengz puissent remettre ceulx qu'ilz verront passer
leur ordre, et par eulx et leur bonne ordonnance et
conduicte, les batailles presques perdues se pourront réintégrer, et les compaignies par la puissance
des ennemys presques rompues, pourront remettre
en leur entier. Car ilz peuent veoir mieulx le deffault des trouppes que ne font pas les propres
capitaines d'icelles.

QU'IL EST BON DE FAIRE A L'ASSAULT D'VNE VILLE QUE L'ON SCAIT
MAL GARNYE DE GENS POUR LA DEFFENDRE.[1]

Si l'on scait qu'en la ville que on veult prendre
ne soient grands gens de guerre pour la deffendre,
le conseil est qu'il la fault (s'il est possible) toute
enuironner de gens, et de iour et de nuyct lui liu-
rer et donner assault, sans cesser aucunement, et
la fault battre chauldement. A celle fin que les gens
d'icelle soient tant lassés, que contrainctz soient
d'eulx rendre. Ce qu'ilz seront contrainctz de bien
tost faire, pour ce qu'il n'est homme si vaillant et
robuste qui puisse auoir longue durée sans reposer,
et ne pourroit, tant fust vaillant, fournir incessa-
ment au combat. A ceste cause, à l'espugnation et
prinse d'vne ville, fault au capitaine que diligem-

ment il s'enquière quel nombre de gens peult estre
en la ville qu'il veult assiéger, et s'ilz sont assez
pour la deffendre de nuyct, de iour et à toutes les
heures.

QU'IL FAULT FAIRE EN TEMPS DE PAIX.

Ov les armes cessent, et qu'il n'est bruyt d'aucune guerre, le capitaine ne doibt pourtant laisser
séiourner ou reposer ses subiectz, mais les contraigne et efforce de labourer ou faire labourer la terre
auec la présence de leurs personnes, affin que par
agriculture et rentes terriennes, ilz puissent nourrir
et payer sa gendarmerie ; aussi que par continuel
exercice et labeur, ils puissent contregarder les
corps robustes de ses souldars, et les maintenir en
bon poinct, lesquelz ne sera malfaict que ce pendant ilz munissent et fortifient les villes par fosséz,
rampars et autres choses qu'ilz congnoistront estre
proffitables à la deffense d'icelles.

QU'IL EST BON ET MAUVAIS EN LA GUERRE AUCUNES FOIS FAINDRE DES NOUUELLES.

Nouuelles faictes en vng camp aucunes fois nuy-
sent, aucunes fois proffitent. Pour ceste cause, le
sage capitaine doibt souuent faire semer, promul-
guer, et espandre (pour son aduantage), tant en son
ost qu'en celluy de ses ennemys, nouuelles faulses
et fainctes, par hommes fainctz et cauteleux. Car
par icelles souuent il fera paour à ses ennemys, et
les desmouuera de leur entreprise, et souuent par

icelles il croistra le cueur et le courage de ses
gens.

DE L'OFFICE D'UNG BON CAPITAINE.

Riens plus facheux ou malaisé à faire à ses souldars commande le capitaine, que luy-mesme ne
peult et ne voulust faire. Et qu'il se souuienne
aussi qu'il est bon aucunes fois simuler d'auoir
paour ou vouloir fuyte pour paruenir à la victoire,
qui par ce moyen aucunes fois peult aduenir.

POUR COGNOISTRE SI VNE VILLE TIENT POUR TOI OU SI ELLE EST CONTRE TOY.

Ov vng capitaine souspecon d'vne ville ou si elle
est son amye, ou son ennemye, il fault pour en
auoir congnoissance qu'il leur face demande de
quelque grosse somme de deniers, ou de viures
pour ses gens. Et en celà pourra scauoir leur intention ; car si elle luy est amy, elle ne refusera la
demande, si ennemye, ne vouldra la otroyer. Et
par le refus, ou par l'otroy, alors il doibt procéder,
selon qu'il verra estre à faire.

QU'IL FAULT TOUSIOURS EN LA GUERRE AUOIR BONNE ESPÉRANCE.

En vne guerre, encores qu'elle soit grande et
dangereuse, ne doibt vng bon capitaine iamais se
désespérer, pourtant que la fin et l'extrémité d'une
guerre est variable et incertaine, et souuent la fin
n'est semblable au commencement : car, à ceste

heure, aux vngs fortune est fauorable, à ceste heure, aux autres, et n'est tousiours pardurablement bonne, mais maintenant aydante cesluy, et puis soubdainement luy nuyst pour ayder l'autre.

QU'IL FAULT AU CAPITAINE REGARDER LA SITUATION DE LA VILLE QU'IL VEULT ASSIÉGER.

Le capitaine doit regarder curieusement luymesmes la situation de la ville qu'il veult assiéger, deuant que y campager[1], Pour ce que toute ville est plus facile d'ung costé à prendre ou assiéger que de l'autre, et à moins de dommage de ses gens, et doibt principallement regarder où l'assiete de son camp sera plus aduantageuse à ses gens pour demeurer et plus proffitable, et en quel lieu il sera plus expédient la faire, pour plus tost mettre fin à son siége et à la prinse de la ville qu'il vouldra auoir, et ne se fie tant à autruy que luymesmes n'en face l'exploration et veue.

QU'IL FAULT UNG CAPITAINE ESTRE LIBÉRAL A DONNER LIBERTÉ A TOUT LE MONDE, MÊME AUX CAPTIFZ ET PRISONNIERS.

Liberté franchement obserue le capitaine : mesmement la croisse et multiplie, après la prinse des prouinces, des villes, et l'expugnation des chasteaulx et forteresses ; car il n'est riens qui ameine les prisonniers et captifz plus tost à béniuolence et amytié, que de vser enuers eulx d'honnesteté libé-

1. *Avant que d'établir son camp.*

ralle, qui est aucunes fois cause de leur faire oublier celles qu'ilz portoient parauant à leur seigneur ou capitaine ; et n'est souuent mauuais que aux prisonniers tu face grace, non seulement par leur donner franchise et liberté, mais aussi en leur donnant présens et dons pour les amollir et tirer à ton amour ; ce que pourras faire facilement, pourtant qu'il n'est chose à l'homme plus amyable que liberté et libéralité, pour lesquelles posséder, il n'est viuant qui ne exposast son corps à mille périlz.

QU'IL FAULT FAIRE QUAND ON NE SCAIT PAR QUEL COSTÉ DOIBUENT VENIR LES ENNEMYS.

Toutes les fois que tu es aduerty par quel chemin ou par quel costé te doibuent venir assaillant tes ennemys, et si tu ignores comment en ce temps tu doibs ordonner et mettre tes gens en bataille, il est besoing que tu les mettes en quarré, et que les faces marcher en telle ordre : car par ce moyen ton bataillon sera de toutes les pars en seureté, et nulle des parties ne pourra estre surprinse impourueue. Parquoy, priuéz de leur intention, les ennemys qui cuydoient surprendre aucune partie de tes gens par derrière, ou par costéz, seront confuz et mis par toy en fuyte, ou du moins sera ta trouppe par ce moyen sauluée d'eulx et gardée. En telle doubte, il n'est meilleur ne plus seur bataillon que le carré.

QVAND ON VOIT SES ENNEMYS NE TENIR AUCUN ORDRE.

Qvand les ordres de noz ennemys nous voyons troublées et pleines de craincte, il fault, si tu les veulx sans grande peine deffaire, que auecques les plus gentilz compaignons de ta trouppe vigoreusement tu les assailles, deuant que de ceste peur ilz soient priuéz et banniz : car, s'ilz reuenoient en leur ordre et en leur cueur, ilz seroient auec plus grand danger, et plus grande perte de toy et de tes gens combatuz ; et où par leur désordre et craincte les eusses peu vaincre, par leur bon ordre, cueur et hardiesse reprise serois en péril d'estre vaincu.

EN QUEL LIEU LES GENS DE GUERRE DOIBUENT DEMEURER POUR ÊTRE PLUS FORTS ET ROBUSTES.

Les lieux montueux et aspres rendent les gens de guerre fors et robustes, et au contraire les lieux amènes[1] et délicieux les font imbéciles et molz. Pour ceste cause, les ieunes gens qui ont enuie de suyuir les armes et non seulement eulx, mais aussi les vétérans et vieux souldars (qui ont esté longuement en repos et transquilité de leurs personnes) se doibuent exercer en montaignes aspres et rocqz pierreux. Affin que par l'aspérité des lieux, ilz soyent faictz plus aspres et rudes. Et fault qu'ung capitaine pense que d'autant qu'il fera exerciter ses gens, que d'autant ilz seront en vne besongne plus

____

1. *Agréables.*

légiers et mieulx exécutans. Car, sans exercice, il est impossible d'auoir gens preux et dispotz. Et où le capitaine n'auroit ses gens en telz lieux que dessus, mais en campagne et platz pays, il doit souuent iceulx partir et diviser en deux, et contraindre combatre les vngs contre les autres, sans toutesfoyes que ce soit iusques au sang espandre, affin que par trop grande altercation ne s'engendrast aucune guerre entre eulx et discorde, par laquelle aux bandes et compaignies souuent aduient perte et dommage.

QU'IL FAULT FAIRE VNG CAPITAINE, S'IL Y A AUCUNE DE SES BANDES
QUI DEFFAILLE A VNG COMBAT.

Si aucune compaignie ou bande, par fault de cueur, mauuaisement fault au combat, ou qu'elle se retire d'icelluy par meschanceté et trahison, affin que les autres bandes par elle ne perdent cueur, le coronal ou capitaine doibt deuant elles haultement et publicquement dire que la retraict d'icelle bande deffaillante a esté faicte par son commandement et conseil, et que, nonobstant icelle (sans laquelle il a tousiours cuydé surmonter ses ennemys), qu'elles prennent courage et volunté de bien faire ; ce qu'elles seront aduerties que, par le commandement du capitaine, icelle bande se sera retirée.

POUR SCAUOIR LE CONSEIL DES ENNEMYS.

Pour congnoistre, scauoir, et entendre le conseil et l'entente de ses ennemys, deuers eulx soient

enuoyés gens fins, cauteleux, et non ignares du
faict de la guerre, qui, soubz couuerture d'estre
fugitifz, soient explorateurs et espies, et par iceulx
soient pris le temps et lieu propice pour seeller et
exécuter leur entreprinse, selon laquelle, après
auoir diligemment enquis du vouloir des ennemys,
aduertissent leurs capitaines fidèlement et loyaul-
ment, lesquels, la chose bien considérée, entendue,
et auec les plus sages de leurs gens consultée, l'exé-
cuteront, ainsi qu'ilz trouueront par leur conseil,
l'estre à faire.

DE CEULX QVI SONT ASSIÉGÉZ.

Qvi sont assiégez doibuent, par vng obiect vray
semblable aux assiégeans, donner à entendre qu'ilz
ont munition suffisante, et qu'ilz sont plus que
habondans en ce qui discerne la tuition et garde de
leur ville, encores qu'ilz n'ayent munition aucune
et qu'ilz soient mal garniz, affin que iceulx assiégeans priuéz, par ce despérance, d'auoir bien tost
la ville (comme ilz cuydoient parauant) s'en aillent
et qu'ilz lièuent leur siége, ce qu'ilz font souuent.

QU'IL FAULT FAIRE, SI DEUX BANDES PRÉTENDENT S'ASSEMBLER ENSEMBLE POUR AYDER L'UNE ET L'AUTRE.

Si deux bandes te molestent grandement, et
qu'ilz s'efforcent de leur ioindre pour se secourir
l'une l'autre, il t'est besoing que, prinse et eslite
la meilleure part de tes gens, le plus tost qu'il te

sera possible tu t'esforces d'opprimer et deffaire l'une d'icelles, deuant qu'elles s'assemblent. En ceste sorte, Hasdrubal, duc de Carthage, auecques son grand exercite fut deffaict (ou au vray dire) l'empire de Carthage destruyt, et celluy de Rome creu et augmenté, tant fut véhémente la violence des Romains à la deffaicte d'icelluy Hasdrubal et de son ost.

DE L'ASTUCE QU'IL FAULT AUOIR A PRENDRE VNE VILLE.

Si tu ne peulx prendre vne ville par force et que tu cuides que ton siége pourroit estre trop longuement deuant elle sans y proffiter, ie te conseille que auec toutes tes gens, puis çà puis là autour de la ville et assez loing d'elle, tu te retires, puis après tu t'en reculles si loing que ceulx qui sont en la ville n'attendent plus le siége, et puis soubdainement retournes, et sans demeure donne l'assault. Par ce moyen, comme toute esbahie et de nouveau assiégée et impourueue de conseil, tu pourras facilement auoir, prendre et posséder.

VNG CONSEIL POUR AUGMENTER ET CROISTRE VNG OST SANS DESPENCE.

S'il aduient que loing de ta terre tu veuilles faire quelque expédition de guerre que tu cuydes estre perrieuse et dangereuse, tu feras, pour vng conseil très vtile, appeller et assembler tous les gentilz hommes et les plus riches de ta terre, et leur feras commandement qu'ung tel iour ilz se tiennent bien

montéz et bien arméz en tel lieu ; et, quand à ce
iour ilz seront au lieu assigné, s'ilz n'ont enuie
ou qu'il leur soit moleste aller en icelle expédition,
qu'ils soient contrainctz y aller en personne, ou
bien, auecques leurs armes et cheuaulx, y envoyer
ung homme pour leurs personnes : et de ce conseil
vsa Scypion l'Affrican, quand il alla à l'expédition de
Carthage.

DE VNE PROFITABLE LOY, QU'ON DOIBT FAIRE EN TEMPS DE
GUERRE EN VNG PAYS.

Qve ceste loy soit mise en vng pays, en vne ville
ou en vng royaulme : que le capitaine d'une bande
vaincue, s'il retourne de la guerre, aura la teste
couppée : par ce moyen, où il surmontera son
ennemy, où, en le combatant hardiment, auec
fame[1] et gloire immortelle sera occis, et toutes
choses en sa bande auecques plus grande cure et
solicitude ordonnera, que si telle loy n'estoit point.
Aussi il n'endurera ses souldars demourer otieux[2],
mais les détiendra en continue exerectation et continuelz labeurs, et souuent les admonnestera en
leur remémorant la loy du pays, pour laquelle
éuiter, où qu'ilz soient vaincueurs, où qu'au combat
vaillamment se facent tous détrencher et occire,
et d'auantage leur remonstrera qu'il n'est riens
meilleur à gens de bien, que de mourir fortement
et vaillamment en combatant pour la vertu, honneur et victoire.

1. *Réputation.*
2. *Oisifs.*

QU'IL FAULT FUYR EXCESSIVETÉ ET SUPERFLUE DESPENCE.

Excessiueté en habillement, en boyre et manger, encrue[1], pert et gaste l'entendement et le corps des hommes. A ceste cause, les sages disent qu'il la fault fuyr à toutes gens comme exciale, contagieuse et dommageable. Ce que doibt faire principalement vng capitaine, prenant exemple à Hannibal, qui après tant de glorieuses victoires obtenues à Cannes contre les Romains, fut par iceulx chassé des Itales, pour auoir trop tenu son armée en délices, excessiutéz de viandes, qui souuent sont cause de perdre vne armée, mesmes vng royaulme, tant soit il riche, puissant et fort.

EN FORTUNE PROSPÈRE QU'ON DOIBT FUYR INSOLENCE ET ORGUEIL.

En prospérité ou félicité ne soit superbe ou insolent le bon capitaine, mais de plus en plus se garde qu'il ne tombe en inconuénient par sa vile négligence et insolente gloire, lesquelles suyt voluntiers sa malheureuse fortune. Et par icelles souuent beaucoup de gens ont esté mis vilainement à honte et vergogne. A ceste cause, qui aura prospérité ne soit par elle superbe et glorieux, et qui l'aura aduerse, malle et contraire, ne soit pourtant désespéré et mat[2], mais tousiours tant à l'heureuse qu'à l'aduerse fortune modérément se maintienne.

1. *Alourdit.*
2. *Abattu.*

Car la prudence et sagesse de l'homme se congnoist plus en son aduersité qn'en son bon heur, par qui souuent l'homme pert la congnoissance de soy-mesmes, qu'il doibt auoir sur toutes choses deuant les yeulx en ensuyuant l'amonnestement qui fut premièrement escript en la porte du temple d'Apollo delphique.

QU'IL FAULT ABATTRE LES VILLES ET CHASTEAULX FOIBLES, QUI SONT SUR LES FRONTIÈRES DES ENNEMYS.

Avx prouinces et pays des frontières sont aucunes fois plusieurs villes et chasteaulx, qui ne se peuent contre les ennemys aucunement garder, parquoys le conseil est très vtile que iceulx chasteaulx ou villes soient mises en ruyne et bruslées. A celle fin que par icelles les ennemys ne puissent aller ou venir, ou bien obtenir et auoir viures, tant pour eux que pour leurs cheuaulx. Et pour obuier à celà, et que pour les laisser en leur estre ne soient secours, retraict et nourriture à noz ennemys, elles se doibuent totalement abattre et desmollir. Et non seulement les chasteaulx ou les villes, mais aussi debuons corrompre, ou par venin ou autrement, les herbaiges, les fontaines, les pays et les chemins, affin que iceulx noz ennemys ne puissent paruenir iusques en nostre terre, sans grandes despenses, ou bien sans grand péril et dangier de leurs per-sonnes. Cecy practiqua très bien messire Anne de Montmorency, Connestable de France, à la venue de l'empereur à Aix en Prouuence.

[1]QU'IL FAULT ACQUÉRIR ET GARDER SES AMYS.

Tout bon capitaine doibt estre soliciteux d'acquérir amys, et, iceulx acquis, les garder et conseruer; pour ce que par eulx les grands royaulmes sont conseruéz et augmentéz, et aussi (s'ilz sont vrays et non fainctz) en eulx gist vng secours et ayde non commune et vulgaire, tant grande est la force d'amytié, qui est de l'humain genre conseruatrice et consolation des misérables. D'auantage n'aura pas celluy autant de mains, de langues, d'yeulx, et de piedz en sa puissance, comme il aura d'amys? Certes ouy, et pourtant sera de plus grand péril au Roy, capitaine ou autre d'estre sans amys que d'estre sans argent : toutesfois, comme nous debuons garder des amys simuléz, comme nous en auons prouué plus que suffisante par Alexandre le grand, qui se faisoit guérir de quelques playes qu'il auroit receues en quelque bataille, fut reprins de son grand amy Parmeno d'estre trop hazardeux à la guerre ; auquel Alexandre dit : asseure moy, mon amy Parmeno, de ceulx qui sont amys dissimuléz, car ie me garderay bien des manifestes.

QU'IL FAULT AUX ASSIÉGÉZ TENIR BON IUSQUES A L'EXTRÉMITÉ.

En vne dure obsidion ou fort siége, il fault que les assiégéz endurent, deuant qu'eux rendre, des maulx presques intollérables, pource qu'aux hommes rien n'est plus louable que la saincte fidélité et loyaulté diuine : laquelle hors d'eulx, quelle

---

1. 4e feuille (pages 49 à 64) du *Guidon des gens de guerre*. — Cette partie formera volume.

chose scauroit on trouuer plus en leurs personnes digne de bien et d'honneur? Icelle doncques les assiégez gardent et maintiennent en eulx iusques à l'extrémité de leur vie, et pour elle garder ne facent refuz aucunement de quelzques tormens, combien qu'ilz soient importables. Pource que souuent ceulx fortune eslièue hault et leur donne prospérité, lesquelz ne pensoient par aucun moyen y pouoir iamais paruenir. A ceste cause qui sont en tel accessoire (nonobstant quelque mal qu'ilz ayent) virilement, de toute leur puissance, persistent en la foy par eulx promise à leur seigneur, pour lequel doibuent esposer et corps et biens : car riens plus louable ne pourroit aduenir à l'homme que, pour garder sa foy, n'estimer la mort, et en icelle plustost se mettre que rompre, desmollir et faulser ce qu'il a promis.

COMMENT PAR FEU ON PEULTE MPESCHER LE CHEMIN DES ENNEMYS.

Par feu aucunesfois aux souldars aduient salut : pource que là où la multitude des ennemys est si prochaine, qu'il n'est possible de les éuiter sans grand dommage, il est très bon de faire tant que grande et copieuse quantité de bois soit menée entre tes ennemys et toy, et puis que tu faces desparquer tes gens au moindre bruyt que tu pourras, et le plus tost, et les faire retirer auec leur bagage aux lieux les plus seurs que tu cuyderas pour la tuition de leurs personnes. Toutesfois, auant leur partement, feras mettre le feu dedans ledit bois ainsi assemblé comme ie t'ay dit : car la flamme

et la fumée empescheront la veue de tes ennemys,
et garderont qu'ilz ne voyent ta retraicte, et si ne
pourront seurement, pour le danger d'icelluy feu,
suyure ou molester. Parquoy, deuant que le feu
soit totallement estainct, tu pourras auec tes gens
gaigner long pays et seur, sans estre en danger de
tesdictz ennemys.

VNG CONSEIL POUR GARDER SES ENNEMYS DE LEUR ENFUYR.

Ov que tes ennemys vsent de retraicte et qu'ilz
s'enfuyent, et que tu ne pourras bonnement auecques ta gendarmerie et gens de cheual, t'es besoing
les poursuyure, et par iceulx retarder leur fuyte
iusques à tant que tes gens de pied seront à ton
ayde, lesquelz ioinctz auec tes gens de cheval, te
sera plus aduantageux le combat, et plus facilement, auecques moindre perte de tes gens, tu
pourras iceulx vaincre et surmonter.

DE LA MANIÈRE D'ASSIÉGER UNE VILLE.

Au siége d'une ville ou d'ung chasteau, te sera
merueilleusement proffitable faire circuyr et
enuironner icelle de parfondz fosséz : et faire
tout à l'entour des tranchées et haultz rampars de
terre, affin que d'iceulx tu puisses faire battre ses
grosses tours et murailles, et aussi que les assiégéz
ne puissent aucunement sortir, ou bien que aucun
ne saiche entrer dedans pour leur donner ayde et
confort. Autrement, il te seroit terriblement difficile
de prendre vne forte ville. Pourtant que soubdai-

nement pourroit appeller auecques elle et adioindre ayde estrangière et frais secours, et pourroient admonnester et aduertir son roy ou prince de son estat, et quelle nécessité elle pourroit auoir, ou combien de temps sa force pourroit tenir contre ton siége. Pour éuiter lesquelz inconuéniens, il te sera plus que vtile de faire ainsi que i'ay dit dessus. Encore, s'il aduient d'auenture que tes ennemys soient trop obstinéz à deffendre quelque ville contre toy que tu auras assiégée, tu feras très bien après l'auoir prinse ou par assaulx ou autresment, de faire coupper les mains à tous ceulx de dedans, qui auroient esté cause de si longue tenue, affin que leur grand peine et pardurable tourment soit exemple aux autres, et que les villes voysines ne persistent si fort en leur opinion et pertinacité.

POUR ÉUITER LES EMPESCHEMENS, FALLACES ET TROMPERIES DE SES ENNEMYS.

Les cauillations[1], embusches et finesses de ses ennemys se éuitent pour souuent se muer de lieu en autre : car par trop demeurer en oysiueté en vng lieu, telz conseilz se prennent par eulx, et les exécutent aucunes fois à grand perte et dommage de ceulx contre lesquelz ilz sont exécutéz.

QU'IL FAULT PLUSTOST RECEUOIR A MERCY LES ASSIÉGÉZ EN QUELQUE VILLE, QUE D'ATTENDRE LES AVOIR PAR ARMES.

Il est plus vtile et plus seur bénignement receuoir ses ennemys à mercy, que expérimenter par armes

1. *Ruses.*

la doubte de la fortune de la guerre, laquelle, souuentes fois, engendre diuers et variables effectz ; et
ceulx qu'on cuyde le plus souuent vaincuz, elle les
fait vaincueurs contre l'opinion de tout le monde.
D'auantage tant trompeuse elle est, que lors qu'elle
nous flatte et qu'elle nous rit, c'est quand il est
bon de se garder d'elle. Ensuyuons doncques ce
saige et partout assez manifeste conseil : que trop
plusmeilleur est paix seure, que la victoire espérée.
De la vraye paix ie parle, non pas de la faincte,
car par la simulée trop plustost nous sommes surmontéz, que nous ne serions par guerre ouuerte.

POUR BOUCHER VN PORT DE MER.

Pour boucher vng haure ou port de mer ie te
donne ce conseil, que tu faces percer et emplir de
grosses pierres la plus grande nef que tu pourras
trouuer, et fais icelle submerger et effondrer au
trauers du port que vouldras empescher. Car les
pierres ainsi assemblées dedans la nef ainsi effon-
drée empescheront les nauires qui sont dedans sortir, et les autres y entrer.

POUR PASSER VNE RIVIÈRE.

Pour passer vn fleuue ou vne riuière qui est
quelque peu difficile à passer à gué, ce conseil te
sera bon : c'est que tu faces, au dessus du lieu où tu
vouldras faire passer tes gens, mettre grand nombre de cheuaulx et de iumens dedans l'eaue, laquelle
plus légièrement et en moindre quantité coulera au

lieu où tu vouldras passer, et ne sera si haulte, pour l'obstacle deuant dit qui empeschera aucunement son cours. Ainsi feist Alexandre le Grand, quand il voulut passer le Nil.

POUR CONGNOISTRE SI TON ENNEMY A PAOUR.

Quand nous voyons et congnoissons noz ennemys auoir paour, plus fort nous debuons insister et nous efforcer que, deuant qu'ilz soient rasseuréz, nous les chassions, ou deffacions. Facile te sera la congnoissance de leur craincte, si tu as aucune expérience du faict de la guerre. Et d'auantage tu le pourras scauoir par ce moyen : c'est que, si tes ennemys remuent et changent souuent de place et d'assiète de leur camp, lors c'est signe éuident de leur paour. A ceste cause, leur vouloir doibt estre essayé par leur présenter alarmes et escarmouches : car aucunes fois aduient qu'ilz ne se remuent, sinon que en dissimulant la fuyte, ilz nous puissent tromper et déceuoir, pour nous vaincre et matter.

POUR CONTRAINDRE TES ENNEMYS A VENIR AU COMBAT.

Pour esmouuoir et amener tes ennemys au combat, encores qu'ilz soient en lieu mauuais ou à leur désauantage, fais marcher de tes gens deuers aucune de leurs villes ou chasteaulx, à qui tu feras donner assault vivement ; et ce pendant que se donnera ledit assault, tu tiendras le demeurant en armes et en bataille : car, si lesditz ennemys n'ont volunté de perdre leur dicte ville, ilz fauldront descendre et venir à combatre maulgré eulx et selon ta volunté.

A vng capitaine qui veult éuader et fuyr la perte, qu'il pourrait encourir pour attendre, est de besoing qu'en son camp il face faire le moins de feuz qu'il lui sera possible, et que, pour se retirer, il face mettre des cavassetz, harnoys ou heaulmes dessus haultz pieux, pour abuser les ennemys : lesquels cuideront que des armetz ainsi fichéz ce soient gens de guerre, et par ce moyen sçauront s'il sera encores au camp ou s'il s'en sera retiré auecques ses gens ; en telle manière il eschappera leur force et danger.

Qvand tes ennemys te suyuent, faisant retraicte, et qu'ilz vont donnans alarmes à ton arrière garde, il fault qu'en icelle tu mettes les mieulx montéz, arméz et gentilz compaignons ; autrement toutes les autres bandes pourroient estre en grand danger et pourrois faire grande perte, tant de gens que de bagage, pour la charge que lesditz ennemys feroient à ton arrière garde, qui doibt estre la tuition du demeurant, et seroit légièrement deffaicte, si les plus vaillans et mieux équippéz n'y estoient mis ; ce qu'il n'auiendra, si telles gens tu y metz qui puissent deffendre et garder la force de tes ennemys, affin qu'ils ne t'empeschent le chemin que as pourpensé suyure pour te sauluer. Et eulx aussi ceste constance et façon de faire eurent iadis les Romains ; car ilz mettoient les plus fors et mieulx arméz de leurs légions en l'arrière garde, et s'appelloient ceulx qui y étoient mis *Triariens* [1]; si que quant leurs ennemys auoient vaincu l'auant garde et la bataille, lasséz de combattre, étoient souuentes fois surmontéz par lesdits *Triariens*, qu'ilz trouuoient fraiz, reposéz, plus fors et mieulx arméz que les premiers.

Ainsi toute la force des Romains et espérance estoit mise en leur arrière garde, et pour ceste cause en feirent iadis vng prouerbe, qui se dit: ceste chose est venue iusques aux *Triariens*, c'est à dire, à l'extrémité et dernière espérance.

QU'IL NE SE FAULT FIER AUX BARBARES ET GENS D'ESTRANGE
NATION.

Vng sage capitaine ne se fiera iamais, s'il me croit, aux gens barbares qui sont félons et cruelz: pourtant que l'expérience est plus que commune, qu'il n'y a point de foy en eulx, ce que ie pourrois prouuer par les faitz des anciens, si ce n'estoit pour craincte d'estre en mon dire trop prolixe, ce que ie vueil fuyr et éuiter à mon pouoir ; et me suffira de dire que les barbares sont tant seulement hommes de figure, mais cruaulté de bestes cruelles,

1. Triarius, *soldat du troisième rang.*

monstres horribles et félons, encore plus pernicieux et dangereux que les monstres, et proprement
sont iceulx mesmes, hors qu'ils ont l'entendement
plus cler, et que la raison les peult mieulx conduyre. Car ilz ayment tant l'effusion du sang humain qu'en cela ils surmontent tout genre d'ani-
maulx. Garde toy doncques de la singulière des-
loyaulté d'iceulx et ne te cuides iamais saulué et
mis hors de leurs tromperies et déceuances. Ce que
ie te dictz des barbares, c'est des infidelles, comme
des Turcqs et aultres, dont tu te vouldrois seruir en
ta nécessité. Car il est peu de chrétiens qui ayent
le vouloir si mauuais, comme ie t'ai dit dessus.

QU'IL TE FAULT FAIRE, SI TU ES CONTRAINCT AUEC PETIT NOMBRE
DE GENS COMBATRE VNE MULTITUDE DE TES ENNEMYS.

Toutes les fois qu'une petite trouppe de gens est
contrainct en combatre beaucoup, il est besoing à
icelle petite trouppe s'assembler plus serré qu'elle
pourra, et ainsi serrée, qu'elle se iette en la multitude, où elle pensera que le chef de l'armée de
ses ennemys sera, lequel de toute sa force taschera
tuer et occire, affin que, luy mort, le demeurant
de ses gens se désespèrent, ce qu'ilz feront légièrement : car, après que la teste est couppée, ce n'est
riens des autres membres. Par ce moyen, le petit
nombre de gens sera vaincueur de la grosse multitude, ou du moins aura occasion de se sauluer.
Ainsi fut deffaicte nostre armée deuant Pauie.

COMMENT IL FAULT QU'VNG CAPITAINE SE MAINTIENNE ENUERS SES SOULDARS.

Vng coronal ou capitaine doibt ouyr le moins qu'il peult les crimes, noyses et dissentions de ses autres capitaines ou souldars, et d'auenture, s'il aduient que quelque nécessité le contraigne à les ouyr et escouter, il doit par parolles et effect donner à entendre aux autres que maulgré luy il fault qu'il en prenne congnoissance. En cette sorte attyrera et acquerra leur amour, leur cueur et béniuolence. Aussi il est besoing qu'il soit à ses souldars comme père, non comme seigneur enuers ses seruiteurs ou comme maistre enuers ses varletz. Ains fault qu'il regarde à estre plus tost honoré d'eulx que crainct.

QU'IL FAULT S'ABSTENIR DE RAUIR ET CONTAMINER LES CHOSES SACRÉES.

Il fault à vng capitaine, à la prinse de quelque ville, faire faire commandement, sur peine de la hart ou sur quelque autre grand peine, que nul des siens ne soit si hardy de rauir, prendre, piller, contaminer ou approprier à son vsage chose sacrée et appartenant à l'église et au seruice de Dieu. Contre lequel son commandement, s'il se trouue aucun chargés desdictes dépouilles, soubdainement soit pugny en son corps, affin que nous n'ayons Dieu et les hommes contre nous.

APRÈS VNE BATAILLE GAIGNÉE, QU'VNG CAPITAINE SE DOIT MONS-
TRER LIBÉRAL ENUERS SES GENS DE GUERRE.

Vng capitaine, après auoir eu victoire de ses ennemys, doibt ioyeusement donner à tous ses gens
qui restent argent, cheuaulx, armes et toutes choses qui seront en sa puissance, affin que par telle
largesse, et non vulgaire libéralité, il les rende au
temps aduenir plus promptz à leur exposer et mettre
aux périlz, et plus loyaulx en tout : vne fidèle compaignie certainement endurera auant toute misère,
ouy le péril de la mort, combien qu'il luy soit manifeste, pour soubtenir et garder de déshonneur son
capitaine, qui aura esté enuers elle tant magnifique,
clément et libéral. Tu doibs vser donques de libéralité enuers tes gens, par laquelle non seulement
les cueurs des hommes, mais aussi les dieux sont
réconsiliéz et amenéz à toute ayde. Souuienne toy
aussi qu'après vne bataille, que tu doibz tant qu'il
t'est possible louer tes souldars, et les remercier
bien fort de la fidélité qu'ilz t'ont gardée, et du
péril, ouquel se sont voulu mettre pour toy, et où
ilz n'ont laissé à faire chose qui feust digne de
fortesse et d'honneur, pour te donner seruice et
faire obéissance. Par ce moyen, tu les pourras auoir
tousiours à ton commandement. Car il n'est riens
que désire plus le souldart que son bienfaire soit
recongneu de son capitaine.

QU'IL FAULT FUYR DÉSHONNEUR ET MAUUAISE RENOMMÉE.

Admonneste tes gens de guerre incessamment ne rien plus craindre que le déshonneur et mauuaise renommée, laquelle acquise par l'homme, il n'a aucune raison de dire qu'il soit vif : ains est mort de toute bonne compaignie. Pourquoi il doibt fuyr réputation comme vng breuvage intoxique et vénéfique, encores plus, pour ce que par luy seulement le corps meurt, mais par mauuaise fame et male réputation, non seulement le corps, mais aussi l'ame est trespassée du monde, et effacée du nombre des biens viuans. A ceste cause, doibt le bon capitaine auoir en recommandation honneur, lequel il mettra tousiours deuant les yeulx de ceulx qui marcheront dessoubz sa charge. Par ce moyen, il sera presque tousiours asseuré d'auoir victoire : car par nulle ignominie, honte ou reproche, ne se laissera noter vne troupe qui ayme gloire et son honneur, mais, pour éuiter, se exposera à mille grandz périlz et pertes innumérables.

DE L'OFFICE D'VNG BON CAPITAINE A VNE ASSEMBLÉE D'VNE BATAILLE.

L'affaire d'vng bon capitaine à vne bataille est de se trouuer aux premiers rengs, pour donner ayde à ceulx qui sont blecéz ou lasséz par gens fraiz et nouueaulx ; et aussi que de veoir vng capitaine auec les premiers augmente le courage des gens de guerre et donne crainte à ses ennemys. Toutes fois il n'est besoing que longuement il face demeure au

premier fronc, mais fault que après auoir ordonné
les premiers, que il s'en retourne diligemment aultre part prendre garde à ce qui est expédient pour la
garde de ses gens, et qui est plus conuenable de
faire pour nuyre à ses ennemys. Aussi est nécessaire qu'il mette toute diligence, que là où il verra
des blecéz ou mors que soubdainement de fraiz il
emplisse leur place, et doibt dauantage mettre peine
de croistre et augmenter tousiours les premiers
rangs des plus gentilz compaignons de sa trouppe.

APRÈS LA VICTOIRE, QU'IL FAULT FAIRE DES PRISONNIERS.

La victoire acquise, doibt vng chef de guerre ou
capitaine conseruer et garder ceulx, qui n'ont esté
cruelz et félons en la guerre ; car rien n'est plus
irraisonnable, plus inhumain et plus approchant
de la nature des bestes irraisonnables que à
son semblable estre estrange, lesquels aime-
roient plus tost endurer tous les maulx du
monde deuant que venir soubz sa cruelle puissance. Les villes et chasteaulx qui seront aduertiz
de telle férocité, expérimenteront plus tost la fortune de la guerre que de vouloir se rendre à seigneur tant cruel. A ceste cause, vng capitaine, qui
veult venir au dessus de ses désirs, doibt estre bé-
gnin et facile tant à ses souldars que aux étrangers
et doibt chacun honnorer et vser de libéralité et
franchise ; brief il ne doibt riens laisser dont il
puisse gaigner les cueurs de tout le monde, sans
les contraindre à obéir à ses commandemens et entreprinses : toutes fois il se souuiendra que là où

le péril a esté **moindre**, que il vse de moindre victoire, affin que par légier droict il ne se monstre trop séuère, qui seroit chose ridicule, et digne de mocquerie : car il n'est pertinent à vng sage et prudent capitaine vser de plus grand cruaulté que la victoire n'est grande, ne que le requiert l'affaire. Examine [1] doncques le temps et la besongne après sa victoire et, selon eulx, suyve la raison, non son ire, qui ne peult estre sans cruaulté. Trois choses certes (comme disait Agésilaus) doibt auoir le bon capitaine par nécessitéz : c'est assauoir audace contre ses ennemys, enuers ses subiectz amytié, et béniuolence et raison, selon les opportunitéz des temps; en ayant lesquelles iamais il ne pourra mal verser en chose qu'il entreprenne.

QU'IL FAULT TENIR FOI ET PROMESSE, MESMEMENT A SES ENNEMYS.

La foy et promesse (quelle qu'elle soict) qu'vng capitaine aura donnée, soit à roy, prince ou à cité, ayt tousiours souuenance de maintenir et garder inuiolée, quelque chose que ses ennemys luy dient : car qu'est ce d'vng capitaine sans foy, sinon vng corps sans âme? il est hay de tout le monde, il est terreur à chascun, iamais en riens ne peult estre creu. A ceste cause, non seulement à ses amys est licite garder sa foy, mais aussi à ses ennemys, et les promesses à eulx faictes en bonne foy tenir, sans iamais contreuenir à icelles : ainsi ont faict mainctz sages hommes et prudens. Mesmement Scipion l'Affrican qui durant les trèues auecques ses ennemys les Car-

1. Pour : *qu'il examine.*

thagiens, par iceulx iniurié, mocqué et mesprisé,
pour son honneur et celluy de Rome se voulut tousiours garder, au temps d'induces[1], prindre vengeance de ceulx desquelz facilement l'eust eue :
mais plus ayma obseruer la foy promise à iceulx
Carthagiens, hommes sans foy et loyauté, que de
venger les iniures faictes par eulx en sa propre
personne, comme non ignorant les frauldes et
tromperies plus au sersz[2] qu'aux nobles appartenir.

DE L'OFFICE D'VNG CAPITAINE EN SES AFFAIRES.

L'office d'vng bon capitaine est de veiller, estre
diligent, faire toutes choses vertueusement, sans
ce que aucun sommeil, aucun labeur, ou bien aucune volupté le puisse rappeller de son entreprinse
et de son office. Incessamment doibt estre intentif et
prest à trouuer et cercher toutes les occasions du
monde qu'il pourra pour nuyre à ses ennemys et
deffendre ses amys et alliéz. Aussi qu'il n'espargne
or ny argent pour scauoir que ses ennemys font
de iour en iour, ouy s'il peult d'heure en heure. Ce
qu'il pourra facilement entendre par aucuns fidèles
explorateurs ou espies, lesquelz il doibt contenter
auec argent et présens, et encores auec promesses
de leur faire large rémunération et récompense
de leur bon seruice. Et par ce moyen il pourra obuier à quelque grosse perte qu'il pourroit
encourir sans eulx, ou bien auoir victoire de ses
ennemys.

1. *Délai, suspension d'armes.*
1. *A l'esclave.*

QU'IL FAULT FAIRE QUANT D'UNE PART TU ES D'VNG FLEUUE, ET
DE L'AUTRE SONT LES ENNEMYS, QUI ONT ENUIE D'ICELLUY PAS-
SER POUR VENIR DEUERS TOY.

S'il t'aduient quelque fois d'auoir dressé tes tentes auprès d'vng fleuue, et que de l'autre costé
soient tes ennemys qui ayent volunté de passer deuers toy, tu leur doibt faire voye, et leur permettre le passage d'icelluy, en faisant semblant de te
retirer et t'enfuyr. Et quand tu sera aduerty que la
plus grand partie de leur trouppe sera passée par
deuers toy, soubdainement auec toute ta puissance
assaulx la. Car plus facilement tu seras vaincueur
d'une partie, que si tout estoit ensemble ; auec cela,
en combatant ceulx qui sont de ton costé, tu doibs
aussi garder que les aultres, qui sont demouréz de
l'autre part du fleuue, ne passent, pour secourir
ceulx que tu combatz.

QU'IL FAULT FAIRE, QUAND ON VOIT SON ARMÉE AUOIR CRAINTE
DES ENNEMYS.

Si le capitaine (qui prétend combatre ses ennemys) congnoist que ses gens ayent paour d'iceulx, il
doibt prolonger et différer le combat, en faignant
la cause pourquoy il n'a intention de combatre :
car, durant que craincte est en ses gens, s'ils combatoit, c'est chose seure que ses ennemys seroient
les maistres, et qu'ilz vaincroient : pour ce qu'en la
guerre, audace et seure expérience de vaincre donnent souuent la victoire, et craincte et paour la
fuyte et la deffaicte. Garde toi donques de mener

[1] au combat tes gens, s'ilz ont paour : car ilz pourroient estre incontinent desconfitz et deffaictz. Mais en prolongeant le temps de la bataille, efforce toy chasser de leur courage ceste paour, par leur donner à entendre des choses qui sont à leur auantage, combien qu'il soit au contraire. Et te fonde principalement à leur donner espérance de gaigner, en estant vaincueurs, affin qu'ilz bannissent d'eulx la craincte conçue en leurs cueurs.

DE L'INDIGENCE DE VIURES ET MUNITIONS DE TES ENNEMYS.

Toutes les fois que l'exercite de tes ennemys a deffaillance de munitions et de viures, pertinacement fault s'abstenir de combattre, affin que tes ennemys soient consomméz par faim. Et en ceste sorte tu acquerras et obtiendras victoire d'iceulx, sans aucune effusion de sang des tiens. Pource que vng ost qui est assiégé, deuant que mourir de faim, s'essayera en tout ce qu'il luy sera possible, pour molester son ennemy et eschapper le péril où il est; mais un sage capitaine ententif, et qui a soing de contre garder ses gens, aduerty de leur indigence et faulte, pour quelque reproche ou insitation que, luy faichent dire ou donner ses ennemys, ne doibt iamais leur accorder bataille, et doibt plus tost considérer la fin de sa besongne que la honte qu'on luy pourroit faire.

QU'IL NE FAULT IAMAIS DONNER BATAILLE SANS GRANDE NÉCESSITÉ.

Iamais il ne fault consentir le combat à tes en-

---

1. 5e feuille (pages 65 à 80) du *Guidon des gens de guerre*. — Cette partie formera volume.

nemys, si vrgente nécessité ne t'y contrainct, ou que l'opportunité ne te soit merueilleusement grande ; car il n'est guère difficile à prendre ou vaincre les capitaines qui descendent et viennent au combat toutes les fois qu'il leur est présenté par leurs ennemys. Et telz capitaines qui accordent à tous propos bataille, sont sans expérience aucune de guerre et ignorans de l'instabilité de fortune, laquelle se monstre ioyeuse et obséquieuse à maintes, affin que, petit de temps après, elle les rende misérables et malheureux. Ce qu'a bien sceu Marcus, empereur, duc et capitaine romain très prudent, lequel, après que par deux fois eut mis en fuite l'exercite du roy nommé Bocchus, et icelluy presque du tout ruyné, à icelluy Bocchus requérant trèue, de bon cueur les luy accorda contre l'opinion des plus sages capitaines de son ost, ainsi que mémoratif de l'inconstance de ladicte fortune, laquelle le plus souuent les vaincus eslièue et met en hault, et les vaincueurs opprime et met bas.

QU'IL FAULT TOTALLEMENT SE ABSTENIR DE DONNER BATAILLE, SI D'AUENTURE ON NE PEULT, PAR EMBUSCHES, MOLESTER SES ENNEMYS.

Iamais vng expert capitaine ne vienne au combat, s'il n'a deuant mis embusches pour tromper et molester ses ennemys, lesquelles sont principalles causes pour obtenir victoire, et sans icelles à peine fust iamais esté vaincueur des Romains Hannibal ; car où que les Romains et Carthagiens ont eu batailles ensembles, les Romains ont tousiours esté vaincueurs, si le lieu auquel ilz ont faict lesdictes

batailles estoit plain et appert, sans fraulde et ma-
lengin. A ceste cause vng bon capitaine doibt tousiours eslire le lieu de la bataille à son aduantage‘
et où il puisse mettre embusches et faire tromperie
à son ennemy, sans lesquelles il ne pourra facile
ment auoir victoire, mais souvent aussi pourra suc-
cumber et estre vaincu.

QU'IL EST BON DE FAIRE, AFFIN QUE TES ENNEMYS PENSENT ET CUIDENT LEUR CHEF OU CAPITAINE ESTRE MORT.

Qvand assembléz sont les deux ostz et que Mars
gouuerne tout, et que l'on est au poinct du combat,
qu'aucuns appellent impression, affin de donner
paour à tes ennemys, enuoye vng de tes gens de
guerre deuers eulx accoustré à leur mode et parlant leur langage, qui crye haultement que c'est en
vain qu'ilz combattent, en leur persuadant et donnant à entendre que leur capitaine ou coronal est
mort, et qu'il a esté tué en icelle rencontre ; regarde toutefois celluy qui portera ces parolles, qu'il
les die au lieu duquel sera absent ledit coronal ou
capitaine, affin que plus inclins soient à le croyre
les souldars, et par ceste créance renduz plus timides et craintifz, et mesmement quand la bataille est
en tel inconuénient, que nul ne peult suruenir nouuellement entre eulx qui en sache rapporter la vérité. Par ce moyen leur sera icelle mort persuadée,
pour laquelle entre eulx s'engendrera paour et es-
pouentement, en sorte qu'ilz perdront tout cueur
et toute puissance, et conséquemment s'en fuy-
ront et se laisseront tuer comme bestes.

QU'IL FAULT GARDER ET CONSERUER LES CHAMPS, LES VILLAGES
ET CHASTEAULX DU PAYS OU L'ON VEULT AUOIR DOMINATION ET
MAGISTRAT.

Vng capitaine, combien qu'il soit griefuement
offencé par les habitants du pays qu'il prétend sub-
juguer et surmonter par guerres, toutes fois les
terres et seigneuries d'icelluy doibt garder d'icelle
prouince, et leurs cueurs réconcilera et attirera à
luy ; auecques cela il éuitera le nom de cruel, et acquerra le bruyt d'estre facile et clément, et les habitans cuyderont que le capitaine, qui ainsi les
contregardera et leurs terres, les aymera et qu'il
ne désirera leurs richesses, mais seulement la maistrise et régence du pays ; qui te pourroit estre
cause de facilement conquester icelluy, pourtant
qu'il n'est doubtable à personne que principallement
la chose de ce monde qui garde plus les royaulmes
et leurs prouinces en leur estre et augmentation,
c'est la béniuolence et amytié qu'entre eulx ont les
subiectz et habitans, pas les trésors ou les richesses
d'iceulx. Commande doncques le capitaine à ses
gens de guerre, que ilz ne soient si oséz ne si har-
dyz de vser d'aucune cruaulté en icelle prouince où
il prétend dominer, et d'auantage si en leurs mains
tumbent aucuns habitans ou nobles d'icelles terre,
non seulement les renuoyent sans payer rançon,
mais aussi, en les renuoyant, leur donnent quelzques dons ou présens, et ne laissent à faire chose de
laquelle ilz puissent attirer à eulx les cueurs d'i-
ceulx habitans.

QU'IL FAULT TENIR SON OST SUR LA TERRE DE SES ENNEMYS.

Tiens ton armée ou exercite le plus que tu pourras sur la terre de tes ennemys, et de leurs biens tasche tousiours à le bien nourrir et entretenir, en supportant les terres voisines, qui sont (peult estre) à tes amys ou alliéz. Car par tenir tes gens aux terres qui te sont aduerses et contraires, tu rompz le courage de tes aduersaires, et augmentes celuy de tes amys. Et que tu en doiues vser ainsi que ie le te conseille, l'exemple t'en a donné, long temps y a, Hannibal, empereur de Carthage, qui manifestement congnoissant combien il est profitable d'auoir son armée sur la terre de ses ennemys, d'Espaigne, par tant d'immenses labeurs et innumérables périlz, amena ses cohortes et ses bandes en Italie, laquelle presque toute dégasta, brusla, print et mist soubz sa puissance. Scipion aussi, non ignorant ce conseil, en Affrique pareillement mena l'exercite Romain, et par ce moyen print Carthage et mit tout le pays à sa subiection.

QU'IL FAULT FAIRE QUAND EN HYUER TU VEULX DONNER LE COMBAT A TES ENNEMYS.

En l'aspreté de l'hyuer, deuant que de combatre, tu doibs faire manger et boire tes gens : car c'est vne chose qui merueilleusement est bonne pour repoulser le froid, que le manger et le boyre en temps hyuernal. Nous en avons congnoissance par la desconfiture de l'ost Romain faicte auprès d'une riuière

appelée Trebes [1], où presque tout l'empire Romain
fut desmoly et abatu. La cause totale de leur ruyne
fut pourtant que le chef de l'armée, trop désireux de
combatre, mena ses gens au combat, sans les faire
aucunement manger ne boyre ; et l'hyuer estoit
merueilleusement grand, et froidure véhémente.
Parquoy aduint que la plus part de son ost fut plus
desconfit par froid que par glaiue et armes des ennemys. Garde toy, donques, toy qui es capitaine ou
chef de guerre, que tu ne meines tes gens au combat, que premièrement ilz ne soient repeux et ras-
sasiéz de très-bonnes viandes et vins délicatz : car
tu prolongeras et allongeras le combat contre la
volunté de tes ennemys, lesquelz peult estre n'auront encores desiuné, et à cause peu de cueur et de
puissance sera en eulx, pour ce que la force des
gens de guerre est d'autant grande qu'ilz ont prins
leur réfection bonne.

QU'IL FAULT FUYR, TANT AUX CAPITAINES QUE AUX SOULDARS,
VOLUPTÉ.

Que les voluptéz du corps soient pernicieuses et
dommageables aux gens de guerre, qu'elles leur
ostent force de corps et de courage, nous en auons
exemple manifeste par l'exercite presque non sur-
montable du duc Hannibal, qui, en la terre Capuane,
perdit pouoir de corps et de cueur. Car lors Cappe [2]
estoit la mère de toute volupté, à laquelle estoient
tant adonnéz les Carthagiens, que Hannibal souuent

1. *La Trébie.*
2. *Capoue.*

leur reprochoit, et disoit qu'il n'auoit point les
souldars qu'il auoit amenéz de son pays. Car les
siens premiers estoient rudes et robustes par armes :
et ceulx-cy qu'il auoit à Cappe estoient molz et imbéciles, par volupté. Se garde doncques le capitaine
que volupté ne cause plus tost dommage à ses gens,
que la force de ses ennemys, qui seroit chose hon-
teuse et pleine de vergogne.

QU'IL FAULT ESLIRE LE TEMPS ET LE LIEU A COMBATRE, ET METTRE
LA POULDRE ET LE SOLEIL AUX YEULX DE SES ENNEMYS, QUI
PEULT.

Le capitaine doibt à son pouoir cercher vng lieu
idoine et conuenable à son proffit, quand il a délibération de donner bataille à ses ennemys, aux yeulx
desquelz (s'il luy est possible) mette le soleil, et luy
qu'il le prenne au dos. Et si d'auenture la place où
la bataille se doibt donner, est sablonneuse, ou bien
fort seiche par l'ardeur du soleil, qu'il attende le
temps auquel le vent donnera tout droict au visage
de ses ennemys. Car, par les fréquentes courses et
voltigemens des cheuaulx, s'esmouuera grande
pouldrière, laquelle le vent chassera tout droict au
visage de ses aduersaires, et empeschera et obfus-
quera du tout en tout leur veue et regard, si fort
qu'ils ne pourront auoir puissance de le molester,
au moins que bien petit. Ce fut la cause principalle
dont fut desconfit par Hannibal l'exercite Romain,
auprès du village appelé Cannes.

DU TEMPS QU'IL NE FAULT PERDRE.

Rien plus cher que le temps ne doibt estimer vng sage capitaine qui a enuie d'exécuter choses grandes et dignes de gloire immortelle. Car demeure et tardiueté (qui de chacun se doibt fuyr) souuent, et presque tousiours, a de coustume aux hommes apporter merueilleux dommages. A ceste cause, il t'est besoing exécuter ton entreprinse le plus soubdainement que tu pourras, et te doibt estre exemple Hannibal, le prudent capitaine Carthagien, qui achepta auec grand nombre de pécune le chemin en Italie, à celle fin que auecques plus grande diligence il peust paruenir sur ses ennemys. Ce que feit aussi aucun des capitaines Romains, contredisans tous ses amys, ausquelz il dit, non-seulement auoir achepté le chemin, mais aussi le temps : duquel riens n'est plus cher en ce monde, mesmement à ceulx qui veulent faire chose digne de mémoire.

DES BIENS FAITZ ET MAL FAITZ, QUI SE DOIBUENT PAR LE CAPITAINE RÉMUNÉRER OU PUGNIR.

Si aucun de ta bande a deffailly, à le pugnir sois doulx et piteux; et à le rémunérer et satisfaire de tes biens sois large et habandonné, si aucun en icelle t'a faict quelque seruice. A celle fin que, par l'exemple des autres, ce qu'il reste de souldars soit plus prompt à se exposer ès périlz pour te secourir en ton affaire. Car le plus souuent les plus gentilz compaignons d'une trouppe sont faictz et renduz paresseux à faire quelque bon acte, où l'espérance

de rémunération et récompense leur fault. Estudie
doncques principallement à estre libéral, sans laquelle vertu de libéralité iamais ne feras chose digne de grande louenge et de gloire perpétuelle, et
iamais enuers toy (priué d'icelle) ne seront bien af-
fectionnéz tes souldars, et encores toutes choses
te viendront de pis en pis. Comme nous prouue le
roy Perses, qui fut tant riche, lequel plus estudiant
à auarice, plus aymant l'argent que son honneur,
par les Romains fut spolié et priué de ses richesses,
ensemble de son royaulme.

QU'IL FAULT FAIRE A CELLUY DE QUI LES GENS DE GUERRE SONT
ARMÉZ A LA LÉGIÈRE.

Le capitaine qui a des gens, et la plus part arméz
à la légière, iamais il ne doibt laisser reposer ses
ennemys, lesquelz il sent chargéz et molestéz de
cheuaulx, d'armes ou de bagage. Mais, par conti-
nuelles courses, iceulx et de iour et de nuict doibt
infester et molester, affin qu'en les infestant et mo-
lestant incessamment, plains de terreur, ilz n'ayent
le loysir et l'opportunité de prendre leur repas, et
qu'ilz tumbent en désespoir de leurs personnes.
Ceste manière de faire n'a ignoré vng bon capitaine
nommé Sartorius [1], tant expert et fin en la guerre,
qu'ilz, ayant auecques luy seulement quelque nombre de gens de pied, en inquiétant et trauaillant
Pompée, icelluy mist en total désespoir. Parquoy
d'ainsi faire ne te sera dommageable; car auecques
tes gens (ainsi arméz que dessus) tu pourras souuent

1. *Quintus Sertorius.*

tes ennemys surprendre, lesquelz ne te pourront
mal faire, par ce que incontinent (s'ilz t'assaillent)
tu seras prest; et dauantage, si vne trouppe chargée
(comme dessus) te suyt et te donne la chasse, à
peine elle te pourra prendre. Mais toy au contraire
les pourras souuent surprendre, lasséz et vaincuz
de leurs propres armes.

QUE LES EXEMPLES PROFFITENT A ESMOUUOIR LES GENS DE GUERRE A BIEN FAIRE.

Combien proffitent les exemples à esmouuoir les
courages des souldars à bien faire, nous donne
exemple manifeste Sartorius Patricius, capitaine
très-expert en l'art militaire, qui ne sache par aucune raison refraindre et empescher l'impétuosité
des barbares desquelz il estoit lors le chef contre
les Romains, après que beaucoup d'iceulx furent
par les Romains tuéz et autres beaucoup blécéz, désirant les consoler, presque esbahiz et esperduz pour
vne partie de leur puissance abollye et deffaicte,
fist amener au milieu de son camp en la présence
de tout le monde deulx cheuaulx, dont l'ung fut
très-maigre et l'autre gras à merueilles, et fist mettre
à la queue du maigre le plus fort homme de son
exercite, et à la queue du gras le plus maigre homme
du camp. Le fort homme s'efforçoit arracher tout
d'ung coup la queue du maigre cheual et iamais
n'en peut arracher poil, et le maigre homme, poil
après poil, arrachoit la queue du gras cheual; et en
ceste sorte, par succession de temps, toute l'arracha
et mist à néant. Ignorans les souldars de celluy Sar-

torius à quelle intention il leur auoit proposé telle
exemple, par luy leur fut déclairé. Parquoy la signifiance d'icelluy luy furent tousiours humbles et
obéissans.

QUE RIEN NE SE FACE EN UNE COMPAIGNIE SANS L'ORDONNANCE DU CAPITAINE.

En vne bande, en vng camp, en vne armée, rien
ne se face sans le commandement du coronal ou du
capitaine, et mesmement sans luy que nul ne pré-
sume de ou dormir, ou manger. Et par ce moyen
si tout se fait par le conseil et ordonnance du saige
capitaine, tout sera en plus grande seureté, et s'en
portera de mieulx.

QU'IL FAULT AVCUNESFOIS GARDER SES SOULDARS DE COMBATRE AUEC LEURS ENNEMYS.

Avcunesfois on doibt retenir ses gens de guerre
et les garder de combatre auec leurs ennemys,
combien qu'ilz ayent merueilleuse volunté de ce
faire. Et ne sera malfaict d'ainsi le faire, pourtant
qu'après ceste cohibition et deffense, ilz seront plus
ardens au combat et plus promptz, et de plus grande
force commenceront la bataille, qu'ils n'eussent fait
au parauant.

QU'IL NE FAULT COMBATRE SES ENNEMYS, QUAND ON LES SCAIT DÉSESPÉRÉZ.

Ov que nous sçauons nôz ennemys, sans espérance aucune de salut, venir alencontre de nous,

ainsi que gens désespéréz, et en manière de bestes enragées, il sera très vtile de dissimuler par fuyte ou retraicte gratieuse aucunement leur fureur, ià sache[1] que de force, vertu et multitude de gens, nous soyons à eulx semblables. Et encores qu'ilz n'eussent puissance aucune de sortir et éuiter noz mains, si esse que non seulement leur doibt estre fait chemin et voye, mais aussi couurir icelle, affin que mieulx et plus couuertement ils reculent et eslongnent de nous.; pour ce qu'il n'est rien plus fol que de combatre ceulx qui ont enuie de mourir. Car, comme disait vng capitaine Italien de nostre temps, homme très-sage appellé le seigneur Jehan Jacques : « A ton ennemy, laisse tousiours vne porte ouuerte, ou luy fais vng pont d'argent. »

QU'IL FAULT FAIRE QUAND TES GENS ONT PEUR DES MACHINES
BELLIQUES OU DES GÉMISSEMENS DES NAURÉZ.

Si tu as craincte que le son des machines belliques, c'est-à-dire de l'artillerie ou harquebuserie, ou les gémissemens et plainctes de ceulx qui sont entre les pieds de cheuaulx nauréz, n'estonnent et facent paour à tes gens (qui te seroit fâcheux, et peult estre de grand dommage), tu feras boucher et estouper le plus qu'il sera possible leurs aureilles de quelque matière, affin que, sans aucune craincte, ilz pensent seulement à combatre. Car, par ce moyen, ilz ne pourront ouyr le son merueilleux de l'artillerie, ny aussi les plainctes et gémissemens des blécéz, pour lesquelz ilz pourroient avoir paour.

1, *Même en sachant que...*

Et ne sera ceste manière de faire mauuaise alencontre des lansquenetz et Allemans, Espaignolz et
Italiens, qui maintenant vsent merueilleusement
de harquebouses.

QU'IL FAULT FAIRE QUAND TES ENNEMYS ABONDENT EN TRAICT.

Ov en vng exercite y a grand nombre d'archiers
et d'arbalestriers, encontre eulx soyent mis grand
nombre de rondeliers ; et par ce moyen seront tes
gens en sûreté.

QU'IL FAULT FAIRE DEUANT QUE ASSIÉGER VNE VILLE.

Deuant que tu ailles auecques ton armée au
siège d'une ville, ie te conseille que les primatz et
seigneurs d'elle, par parolles gracieuses, doulces
et bénignes, soient prouocquéz à te la rendre, et
oultre prometz leur grandz dons auec liberté ; car
vng peuple sitibond d'argent et auaricieux de richesses, rien n'est au monde qu'il ayme plus que
présens et liberté. Car vne grande gloire et faueur
non vulgaire portent les gens de guerre à vng capitaine, quant il sçait (sans espandre aucunement le
sang de ses gens) obtenir ce qu'il demande.

QU'IL FAULT ÉUITER A VNG CAPITAINE IMPÉTUOSITÉ EN LA GUERRE.

Impétuosité inconsultée et furieuse en guerre
n'est conuenable ny propice à vng prudent capitaine ou souldard expert en l'art militaire. A ceste

cause, la doibuent fuyr ainsi que exitiable [1] et mortelle peste : autrement facilement seront surmontéz par leurs ennemys, et ainsi que bestes occiz, meurdriz et deffaictz.

VNG CONSEIL POUR DEFFAIRE DES GENS DE PIED.

Les gens de cheual, faintement dissimulant la fuite, façent tant qu'ils puissent amener en quelque plaine les gens de pied, ausquelz par l'aspreté du lieu (où ilz sont) n'ont pouoir de paruenir; et par ce moyen tirer hors de leurs fors, les pourront aysément deffaire. Car rien n'est plus dangereux pour gens de pied que la plaine, et pour gens de cheual que le pays de bois et saulsoye.

VNG CONSEIL POUR RENDRE INUTILES ET SANS PROFFIT LES HACQUEBOUSIERS D'VNG EXERCITE ET ARMÉE.

En ce temps cy, toutes nations ont acoustumé auoir, en leurs bandes de gens de guerre, grand nombre de hacquebousiers ou hacquebuters, qui font merueilleux dommage à leurs ennemys. A ceste cause ie conseille à celle qui en aura le moins qu'elle choisisse le temps de pluye pour les tirer au combat. Car telle manière de gens en temps moyste sont inutiles totallement.

QU'IL TE FAULT FAIRE POUR CONTRAINDRE AU COMBAT CEULX QUE TU CRAINDRAS QUE PAR PAOUR NE S'ENFUYENT.

Qvand tu crainctz que tes souldars ne se effroyent vilainement, lors qu'il te fauldra combatre, ie te

1. *Funeste.*

conseille pour les y contraindre que par derrière
toutes les batailles soit mise vne trouppe des plus
gentilz compaignons de ton armée, et ausquelz tu
auras plus de fiance ; laquelle les souldars fuyans
recogne et occie cruellement deuant la veue et regard de tous tes gens, que de ce faire tu admon-
nesteras ; à celle fin qu'ilz soient contrainctz combatre, sans auoir aucune espérance de salut par fuyr.
Ce qu'ilz feront par désespoir, qui est souuent cause
de salut aux vaincuz.

POUR DOMPTER ET GOUUERNER A SON AYSE VNG PEUPLE FÉLON ET CRUEL.

Si tu as aucunesfois quelque peuple félon et
mauuais · à gouuerner, et qui soit belliqueux, de
sorte qu'il puisse te molester et tes gens aussi, il te
fera très-bon leur oster cheuaulx, harnoys et autres
instrumens de guerre, dont tu leur doibs totallement oster l'usage. Car vng mauuais courage d'une
mauuaise personne ne te peult (ou bien petit) nuyre
sans armes. En ceste façon faict le pape des Mahu-
métistes, qu'on appelle le souldan, lequel ne pourroit cohiber, refraindre et régir l'impétuosité de tant
et innumérable peuple, encores si malaisé, barbare
et cruel, auecques si peu de gens qu'il a, si de longue main à iceulx peuples et nations il n'auoit osté
et faict oster l'usage des armes.

QU'IL EST BON AUCUNESFOIS FAIRE SEMBLANT DE S'ENFUYR.

Il te sera aucunesfois proffitable de laisser de
très bons vins et de bonnes viandes en ton camp, et
d'icelluy te départir, faisant semblant de t'enfuyr ;

à celle fin que tes ennemys, venuz en tes tentes et congnoissant ta fuyte, facent grand chère à l'umbre de tes tonneaulx plains de bon vin, comme dessus : duquel rempliz et pleins, tu pourras de nuyct, ainsi que gens impouruez et yures, assaillir, vaincre et desconfire, pource que petite deffense a celluy qui est yure, endormy ou impourueu de ce qu'il a affaire.

DE EXERCICE.

Combien de vtilité a en soy exercice, nous le pouons assez entendre et congnoistre par les Romains, iadis maistres de tout le monde, qui, seul de tous les autres peuples, en temps de paix et de repos leurs gendarmes contraignoient exerciter, garder par continu labeur l'usage et promptitude des armes ; qui fut la principale cause dont ilz furent si puissans conquérans et seigneurs de tout l'uniuersel climat. Car rien n'est au monde, qui soit de longue garde ou demure, si elle est sans exercice et labeur ; par qui la nature propre est surmontée, par qui aussi les femmes de nature imbéciles et pusillanimes sont faictes fortes, viriles, belliqueuses et magnanimes. Ce qui est bon à sçauoir par les vaillantes Amasonnes et autres, qui ont triumphé anciennement en faict de guerre. Contraigne doncques le bon capitaine ses gens de guerre incessamment à l'exercice des armes, affin que quand il leur fauldra venir au combat, la charge ou l'empeschement d'icelles ne les molestent et faschent ; qui sera de grand' vtilité à son exercite, qui ne prend ce nom d'*exercite*, sinon de ce nom icy *exercice*, sans lequel ne mérite estre ainsi appellé.

1 VAINCUZ LES ENNEMYS, QU'IL EST BON DE FAIRE POUR SOUB-
DAINEMENT PRENDRE UNE DE LEURS VILLES.

S'il aduient que tu ayes desconfit tes ennemys,
et que tu ayes enuie de prendre incontinent vne de
leurs villes la plus prochaine, ie te conseille que tu
faces vestir et armer tes gens de leurs robbes et
harnois, et iceulx soubdainement courir vers la ville
de tes ennemys ; laquelle, déceux par les armes de
leurs gens, ne différeront de t'y donner entrée, ou
bien espouentéz et priuéz de bon conseil, facilement à toy se rendront.

QU'IL FAULT FAIRE QVAND ON EST CONTRAINCT AUEC PEU DE GENS
COMBATRE SES ENNEMYS QUI SONT EN GRAND NOMBRE.

Souuent aduient que, ou par aucune desconfiture,
ou bien par fault de gens, qu'on est contrainct combatre auec peu de gens ses ennemys, qui sont en
grand nombre. A ceste cause, si tu viens en ceste
nécessité, ie te conseille de nuyct assaillir le camp
et têtes de tesdits ennemys ; lesquelles (peult estre)
seront sans gardes, n'espérant estre surprinses et
assaillies par si peu de gens comme tu en as. Et
alors tu doibs essayer la fortune de la guerre, laquelle souuent à ceulx qu'ilz l'essayent a de coustume se rendre obséquieuse, fauorable, et donne
faueur le plus souuent à ceulx qui n'ont puissance
de garder le leur contre les autres. Ce conseil causa
iadis perte de leur empire et royaulme aux Carthaginiens, qui par trop ioyeux de la deffaicte par eulx
commise des Scypions et de leur armée, vne nuyct

1. 6ᵉ feuille (pages 81 à 96) du *Guidon des gens de guerre*. — Cette partie
formera volume.

furent assailliz par vng petit nombre de Romains restant encores desditz desconfitz. Par lesquelz trois grans exercites des leurs furent occis, vaincuz et prosternéz ; qui feut la cause que les Romains demeurèrent maistres et seigneurs des Espaignes, après l'infélice intérit et mort infortunée d'iceulx Scypions. Doncques ce conseil sera aucunesfois proffitable, comme assez le tesmoignent les belles conquestes de Scandabergues, roy des Esclauons, contre le grand turc Mahumetes.

COMME DOIBUENT DORMIR LES GENS DE GUERRE.

Les gens de guerre se doibuent totalement accoustumer de coucher sur la terre sans aucunes paillasses. Car bien souuent par nécessité contrainctz ainsi dormir, et ne l'auoir accoustumé, ils se trouueront rompuz, foibles et casséz. Parquoy il vault trop mieulx pour son ayse aduenir et sa santé accoustumer vne peine de longue main, à celle fin qu'une plus petite ne moleste aucunement, quand l'on s'y treuue. Il n'est rien aussi plus parfaict qu'accoustumance par laquelle toutes choses sont trouuées faciles et légières. Aussi fault qu'ils vsent de patience, laquelle seule rend tout parfaict et consommé.

QU'IL FAULT FAIRE POUR DONNER A SES ENNEMYS SOUPÇON DE TRAHYSON D'AUCUN DE LEURS CAPITAINES QUE TU CUYDERAS PLUS TE NUYRE.

S'il y a aucun des capitaines de tes ennemys qui, par sa prudence et sagesse, contrarie à ton entreprinse, ce ne sera mal faict, par aucune grande finesse, le rendre suspect ou deuers ses citoyens, ou deuers son prince, de trahyson et mauuaistié. Ce que tu feras en deux manières : la première, en contregardant et deffendant de feu ou de pillage les terres, champs et maisons de celluy capitaine que tu vouldras rendre suspect. Et de ceste cy vsa Hannibal de Carthage enuers Quintus Fabius Maximus, capitaine et coronal romain, ou plustost conseruateur de l'empire romaine. La deuxième, en enuoyant souuent deuers luy aucun sage homme de ton conseil, lequel parle auecques luy, et en priué et en public, qui sera la principalle cause de le faire tumber en soupeçon, ou deuers son prince, ou deuers ses citoyens. Et de ceste seconde ont vsé les Romains enuers icelluy Hannibal. Encore davantage tu peulx inuenter autres moyens pour le rendre suspect, selon l'opportunité du lieu et du temps, que tu auras. Ou par faindre lettres, qui traicteront de la trahyson et paction qui se doibt faire entre toy et luy, et mettre peine que ces lettres faintes tumbent ès mains de son prince et de ses primatz. Ou autrement en milles sortes, lesquelles inuentions, cautelles et charges ie ne approuve, ny ne loue, fors qu'il soit question de la deffaicte de tout vng royaulme.

QU'IL SE FAULT, LE MOINS QUE L'ON PEUT, SERVIR D'ESTRANGERS
EN LA GUERRE.

Ceulx qui veulent faire guerre pour icelle maintenir, ont voluntiers aiourdhuy acoustumé de appeller en leur ayde ceulx qui leur sont tributaires, ou bien prendre à leurs souldes des gens estranges et d'autre nation que la leur ; laquelle coustume est souventes fois pernicieuse et dommageable merueilleusement à eulx et à la conseruation de leur entreprinse. Car, quand en iceulx ont mis leur confiance, et que ilz cuydent par leur ayde estre vaincueurs et venir au-dessus de leurs besongnes, en l'extrémité d'icelle trouuent le contraire de ce que parauant ont pensé, et se voyent par iceulx estrangers habandonnéz, ou mesmes molestéz et chargéz. A ceste cause, le moins que tu te pourras charger de gens d'estrange pays, ce te sera le meilleur et le plus profittable. Car tu en pourras autrement venir à l'inconuénient où tumbèrent les deux Scipions, frères capitaines romains, lesquelz estans en Espaigne menans guerre aux Carthaginiens, eurent si grande fiance aux Espaignolz mesmes qu'ilz en prindrent beaucoup en leur soulte et pays ; et, quant ilz cuydent se seruir d'eulx, les trouuèrent non seulement deffaillir à leur ayde, mais aussi au iour de la bataille estre contre eulx mesmes : qui fut la cause de faire tuer et occire la pluspart de la multitude et puissance romaine.

QU'IL FAULT APPAISER SES GENS DE GUERRE S'IL ADVIENT QUE AUCUNS D'ICEULX PRENNE QUERELLE L'VNG A L'AUTRE.

Si entre les gens de guerre s'engendre aucune noyse, querelle ou dissention, comme il aduient souuent aux grandes assemblées et exercites, pour beaucoup de raisons qui suruiennent, tu doibs les ramener à paix et concorde, contraindre à iurer et promettre, par grand serment, que les iniures dictes l'vng à l'autre ilz oublieront perpétuellement, sans que iamais ou par faict ou parolles ilz en facent au temps aduenir autre chose qu'ilz en ont faict.

QUEL TEMPS EST PROPICE ET CONUENABLE A PRENDRE LES VILLES ET CHASTEAULX.

Si tu peulx prendre aucune ville ou chasteau sans espandre le sang de tes souldars, enuers eux tu acquerras grand honneur et louenge, et à tes ennemys tu donneras crainte; pource que par ta prudence tu auras acquis si grande victoire, sans perdre aucun de tes gens de guerre, que tu trouue-ras tousiours prestz à eulx mettre pour toy ès périlz et dangereux inconuéniens, s'ilz congnoissent que tu soyes expèrt et bien aduisé en l'art militaire. A ceste cause, expérimente meurement et sagement auecques ton conseil toutes chosès auant que les commencer par armes. Car les guerres se doibuent faire plus par bon conseil que par force. De nuyct doncques que le temps est fort noir, nubileux et plein de pluye, il t'est plus facile mille fois à prendre vne ville que de iour, que le temps est clair et serain.

COMBIEN PROFFITE LA PRÉSENCE D'VNG ROY, D'VNG CORONAL OU D'VNG CAPITAINE EN VNE GUERRE, EN VNG CAMP OU EN VNE BATAILLE.

Combien proffitte en vne guerre, en vng camp, en vne bataille, la présence d'vng roy, d'vng coronal ou d'vng capitaine, tous ceulx qui sont capables de raison clairement le congnoissent et entendent; car par icelles les capitaines et souldars sont meuz et enhortéz (tant pour éuiter honte que pour la crainte de leur prince ou capitaine, qui veoit tout et qui congnoist ce qu'ilz font, soit bien ou mal) à vaillamment et courageusement faire leur debuoir, aucuns principalement pour auoir récompense de leur bienfaire, et aucuns seulement pour acquérir la bonne grâce de leur capitaine. Et bien souuent, où la bataille est perdue par les gens de guerre, par la présence du prince et du capitaine est remise en doubte, et quelquefois se peult résoudre et gaigner. Car à cela merueilleusement proffitte la parolle, l'exhortation et admonnestement qu'il peult faire à ses gens. Aucunes fois aussi, les menasses causent le plus souvent cueur aux lasches, force aux foibles et magnanimité aux pusillanimes. Encores d'auantage taschent les gens de guerre l'vng l'autre surmonter par bien faire, affin d'auoir et acquérir meilleure réputation enuers leur prince et capitaine présent, et ne refusent (pour auoir honneur) les périls et dangers où peuuent tomber leurs personnes; et ne se soulcient de vie ou de mort, moins que deuant icelluy leur prince ils puissent faire quelque faict digne de mémoire. Pour conclusion, sans la présence du coronal ou du roi mesmes, iamais à peine les gens de guerre ont le pouuoir de faire grande chose. A ceste cause, te sera besoing estre tousiours présent en tes entreprinses, si en icelles tu veulx auoir honneur et proffit.

QU'IL EST BON DE FAIRE QUAND ON SE VOIT ASSAILLY
DE BEAUCOUP DE GENS ET EN BEAUCOUP DE LIEUX.

S'il aduient qu'en ton royaulme ou en ta terre
s'estiene multitude d'ennemys, en sorte que tu ne
puisses souffrir leur puissance, tu doibs tascher de
faire paix auec les aucuns d'iceulx, et auec les autres trèues. Et en ceste sorte, tu éuiteras la perte et
dommage de ton royaulme ou de ta terre. Car,
quand tant de gens demandent part en vne terre, il
est facile aucuns d'eulx, ou par promesse, ou par
argent, destourner et garder d'y faire molester
mesmement au temps présent, auquel on ne meine
guerre pour honneur, mais seulement pour l'or et
l'argent, duquel maintenant est merueilleusement
sitibond et désirant tout le monde.

DE GUERRE PÉRILLEUSE, ET QUI EN ICELLE DOIBUENT ESTRE
ESLEUX ET CHOISIZ.

Entre les hommes s'engendrent souuent guerres grosses et périlleuses. A ceste cause, toutes
choses à icelles nécessaires tu doibs, auec grande
solicitude et feruente estude, préparer et ordonner. Principalement tu doibs choisir et eslire
pour le mieulx les vieux souldars et les plus
expérimentéz; non pas les ieunes gens, qui n'ont
encores rien veu, toutefois que la ieunesse est
vtile, si soubz la conduite des vieulx ilz veulent
marcher, ausquelz il fault estre obéyssant, comme
à leurs pères. Autrement en vne guerre doubteuse et
dangereuse, seroit plus périlleux de s'ayder de ces

ieunes folz que proffitable. Et la cause pourquoi on doibt plustôt choisir les vieulx et expérimentez que les ieunes, c'est que les vieulx n'ont craincte de veoir les espées nues, de sentir les playes faictes à leurs personnes, d'ouyr les clameurs des nauréz et d'entendre les horribles sons et tonnerres des machines belliques ou artillerie; et aussi qu'ilz portent tous leurs maulx patiemment, pour tousiours garder leur honneur et gloire ancienne, et augmenter et croistre la nouuelle. Dauantage ilz congnoissent ce qu'il leur est proffitable ou nuysible, pour la prudence et expérience qu'ilz ont en icelluy art de guerroyer. A ceste cause, ou il fault qu'ils soient vaincueurs, ou bien qu'ilz auecques honneur finissent leur vie, ce qui est coustumier aux magnanimes et gentilz compaignons.

CEULX QUI VEULENT SUYURE LES ARMES, IL FAULT QU'ILZ
Y SOIENT NOURRIZ D'ENFANCE.

Ceulx qui ont enuie de suyure la guerre, il fault qu'ilz y ayent esté nourriz de leur ieunesse. Car, quand vng enfant a acoustumé de monter et descendre, mener et conduyre, voltiger et picquer les cheuaulx, il peult estre très-bon gendarme. Aussi il fault que tes ieunes hommes acoustument à tirer de l'arc, de l'arbellestre et de la harquebouse, et qu'ilz apprennent à bien porter vne espée, vne lance et vng harnoys, et qu'ils se assayent aucunesfois ou tout seuls, ou auecques leurs compaignons, comme s'ilz estoient en vne vraye bataille, et contre leurs ennemys. A celle fin que, quand ils vien-

dront en l'aage de adolescence, par exercice et
acoustumance puérile, ilz puissent estre au nombre
de ceulx qui le scauent bien faire et des gentilz compaignons, où ils paruiendront facilement. D'auantage les grands trauaulx et peines (que par ceulx
qui n'auront acoustumé telle exercice pourront estre estimées intollérables) ils cuyderont et trouueront légières et faciles à endurer, comme aussi
d'endurer souuent faim et de coucher souuent sur
la dure leur sera merueilleusement de grande félicité le temps futur. Brief en toutes choses acoustumance est grandement vtile et proffitable.

QUAND TU CONGNOIS QUE TES ENNEMYS SONT EN PLUS GRAND
NOMBRE QUE TOY, QU'IL FAULT QUE TU FACES.

Quand la renommée est commune et vulgaire
que grande est la multitude et nombre de tes ennemys qui viennent pour te combatre, tu doibs
d'auantage encores croistre et multiplier leur nombre, deuant tes souldars, par parolles. C'est à dire
que tu leur doibs donner à entendre que tes ennemys sont encores en beaucoup grosse trouppe que
ilz ne sont, et que tu l'as sceu pour vray (par aucunes espies qui t'en ont apporté les nouuelles), affin
que tu congnoisses de quel visage et de quel cueur
tes gens les vouldroient receuoir, s'ilz estoient autant comme tu leur as dit. Et en cela telle manière
te pourra estre proffitable, pource que, quand ilz
paruiendront au combat et qu'ilz verront leurs ennemys en beaucoup moindre quantité que parauant
ilz n'auroient estimé et conceu en leur esprit, le

cueur et la force leur croistra, et ceulx qui auparauant estoient doubteux de la victoire, comme si
desià estoient vaincueurs, ou qu'ilz eussent tout
confondu et abattu. Ilz combattront et se mettront
au péril de la mort hardiment et sans crainte.

QU'IL FAULT PRÉUENIR PLUSTOST QUE D'ESTRE PRÉUENU.

Quand tu crainctz grandement d'aucun riche et
puissant homme les tromperies, la force et moleste,
ou bien qu'il ne te prenne impourueu, ou en trahison, et que par ce moyen il t'oste ton royaulme,
ou aucunes de tes villes, ou bien ta vie mesmes,
certes le conseil ne te sera mauuais de le préuenir
et le tuer (s'il t'est possible), ou ses villes par
grande et inopinée violence assaillir et surprendre.
En ceste sorte, tu le molesteras par sa coulpe mesmes, et le feras tumber en la mesme fosse que pour
toy il auoit construicte et faicte, et de son propre cousteau luy coupperas la gorge, qui sera
œuure non mauuaise; pourtant que les loys tant
diuines que humaines, mesmes nature (qui est ennemye des mauuaises pensées et cogitations) per-
mettent que cella ainsi se face. Et aussi que tout
ce qui se faict pour la tuition et garde de son corps,
ou de ses biens, est estimé estre faict selon Dieu,
raison et droict.

DE CEULX QUI PORTENT GRAND BARBE ET LONGS CHEUEULX.

En plusieurs prouinces et régions les hommes ont
coutume porter grandes barbes et longs cheueulx,
qui est chose de grand danger en la guerre, et par

cellà s'en trouuent molestéz et faschéz ceulx qui
les ayment ainsi. Pourtant que les barbes et cheueulx
seruent de lyens pour retenir les hommes qui les
portent. Doncques pour éuiter les inconuéniens qui
en pourroient aduenir, deuant que de venir et descendre au combat, il sera conueniable et vtile de
faire tondre tes gens et de cheueulx et de barbe,
pource qu'en vne bataille petite chose nuyst et
empesche. A ceste cause est besoing d'oster tout ce
qui nous peult molester et ayder noz ennemys.

QU'IL FAULT ESTRE MAISTRE DU PAYS, DEVANT QU'EN ASSIÉGER
LES VILLES.

Tu ne doibs assaillir ou mettre le siège deuant
aucunes villes, si premièrement tu n'es maistre de
tout le pays de l'enuiron, où elles sont assises :
car, si elles ont aucune partie du pays pour elles et
en leur puissance, malaisément se pourront prendre, et en vain tu consommeras ton temps tenir
siège deuant. Et peult estre qu'en ce temps tu en
pourrois prendre de plus grandes et de plus fortes.
De ce conseil ont tousiours vsé les femmes viriles
et ayant le cueur d'homme, les Amasonnes, lesquelles iamais ne mettoient le siège deuant aucune
ville, que premièrement elles n'eussent en leur possession tout le pays à l'enuiron.

QU'IL FAULT CACHER LE PLUS SECRETTEMENT QUE L'ON PEULT
LES MORTS OU LES BLÉCÉZ EN VNE BATAILLE.

Les gens blécéz ou morts font merueilleuse paour
à leurs amys, et ilz croissent les cueurs et courages
des ennemys. A ceste cause, affin que cela n'aduienne,

auecques grande diligence et solicitude tu doibs
enterrer les morts, et les nauréz faire transporter et mettre hors de la présence de tes gens, et
loing de tes ennemys : les morts en charniers, et
les nauréz en lieu secret, et le plus secrettement
que tu pourras. Car ce fut vne chose qui feist
merueilleuse nuysance au roy Philippe de Macédoine, que de monstrer à ses gens ceulx qui auoient
esté tuéz par les coureurs Romains. Pourtant que
par celle ostension son exercite feut tant espouenté,
voyant les naureures et blesseures faictes à leurs
gens, que plustost se fussent fait mettre en pièces
que de combatre contre iceulx Romains. Et en celà
feut congneue la bêtise et l'inconstance dudit roy,
lequel en vint bien tost au repentir. Ceste manière
de faire n'ignorent les Turcqs, en cesluy temps très
experts en l'art militaire; lesquelz bruslent les
corps de ceulx qui ont esté tuéz en bataille, affin
que la veue ne donne ioye à leurs ennemys et
craincte à leurs amys.

QU'IL FAULT OUYR LES PRIÈRES DES HUMBLEMENT REQUÉRANS.

Vng bon capitaine ne doibt iamais reietter, repoulser ou mespriser les requestes et prières à luy
humblement et bénignement faictes; mais les doibt
ouyr tousiours humaniement et bénignement. Car
rien n'est plus louable à vng capitaine que clémence et humanité, par laquelle les couraiges encores malueillans et iréz [1] de ses ennemys peult
attirer et fléchir à son vouloir. Ceste vertu de clé-

____

1. *Courroucés.*

mence assez honnora et practiqua Scypion Aphrican, lorsqu'il estoit aux Espaignes, lesquelles il subiugua plus par doulceur et humanité que par rudesse et séuérité. La clémence aussi de Jullius César le rendit plus renommé que ne firent oncques ses gestes et faictz belliqueux, combien qu'ilz soient presque innumérables. Embrasse donc clémence et humanité de toute ta force, qui sont propres aux dieux et aux hommes.

QU'IL FAULT ESTRE CRUEL AU COMMENCEMENT DE LA GUERRE.

Au commencement de la guerre on dit que c'est vne bonne chose se monstrer cruel; car la craincte que l'on a de ta cruaulté contraindra les villes de leur rendre et en ta mercy, lesquelles priuées de celle craincte vouldroient essayer, au moins la plus part, quelle seroit l'yssue de la fortune de la guerre, qui apporteroit (peult estre) merueilleux dommage à tes gens. A ceste cause, ie te conseille que tu te monstres séuère et cruel au principe et commencement de ton entreprinse et de ta guerre, si tu en veulx paruenir bien tost au dessus, et faire ainsi que Tamburlauus[1], duc et capitaine des Scytes, qui, le premier iour qu'il mettoit le siège deuant une ville, auoit ses tentes blanches, en signifiant que si ce iour les habitans d'icelle se rendoient, qu'il les prendroit à mercy. Le second iour, il auoit ses tentes rouges, en signifiant que s'ilz venoient ce iour à mercy, que seulement les femmes et les petis enfans seroient occiz. Et le tiers iour, il auoit ses ten-

1. Tamerlan.

tes noires, pour signifier qu'il n'en prendroit nul à
mercy, et qu'il tueroit et brusleroit tout. Et la cause
principalle qui l'incitoit à estre si cruel, le second
et le tiers iour, c'estoit affin que du premier mesmes
ses ennemys eussent craincte de venir au second et
au tiers, et que par celle timeur, ilz se rendissent incontinent à sa mercy. De cesluy conseil aussi vsa
iadis le prudent et sage capitaine Romain Métellus,
quand il batailloit et menoit guerre en Numédie
alencontre de Jugurthe; mais qu'est-ce que ie dis
de Métellus, quand tous ceulx qui ont mérité et
qui sont estéz dignes d'auoir le nom de bons capitaines en ont tousiours vsé ainsi et en vsent encores de présent.

QU'IL FAULT AUCUNESFOIS GOUUERNER SON ROYAULME
OU SA TERRE PAR AUDACE.

En quelle sorte les hommes doibuent garder
leurs terres saigement, en vng autre liure briefuement et auecques proffit (ainsi que nous auons veu
et congneu nécessaire) nous en auons escript. Toutesfois, présentement vne manière de garder son
royaulme ou sa terre non inutile ne laisserons à
dire. C'est que le plus souuent aduient que par
successions on vient à obtenir gouuernement sur
vng peuple et vng royaulme. Pour autant que nouueaulx sont les administrateurs d'icelluy, ou peult
estre encores ieunes, les circonuoysins roys, princes et seigneurs les assaillent et molestent par
guerre; pour éuiter laquelle inuasion ou molesta-
tion, il sera proffitable à celluy qui viendra au

gouuernement de son royaulme, qu'à son aduène-
ment il se monstre audacieux et magnanime. Et par
ce moyen il augmentera le cueur à ses subiectz, et
à ses ennemys donnera craincte de l'assaillir. De
cecy n'a point esté ignorant Alexandre le Grand,
celluy qui fust roy de Macédoine et qui tinst tout le
monde soubz sa main : lequel encores ieune, délaissé
de Philippe son père à l'administration de son
royaulme, par audace et férocité cohiba, retraint et
refréna contre l'oppinion de tout son conseil la volunté de ceulx qui se cuydoient esleuer contre luy
et sa puissance.

QU'IL FAULT ESTRE CHASTE EN LA GUERRE.

Chasteté en guerre tellement d'vng chascun est
louée et approuuée, que sans elle nul n'est digne
d'estre nommé seigneur ou capitaine. Car celluy qui
sera attainct et infesté de ces deux cruelles bestes,
concupiscence et luxure, et sur lequel elles auront
régime ou gouuernement, comment pourra il
auoir domination sur autruy, au moins qui soit
proffitable? Certes à grand peine aduiendra que
celluy qui ne se sçait gouuerner sache bien gouuerner autruy. A ceste cause, il te sera très-bon d'ensuyure Alexandre le Grand, qui non pas seulement
se garda d'attoucher charnellement les filles (combien qu'elles fussent excellentes en beauté) du puissant roy de Perse, mais aussi ne les voulut point
veoir, quand elles furent réduyctes soubz sa captiuité et puissance. Le pareil acte feist Scypion, celluy qui par son bienfaire a mérité le nom d'Aphri-

can ; lequel par sa singulière chasteté en la terre
d'Espaigne a acquis nom immortel et fame perpétuelle. Mais pourquoy sont nomméz chasteaulx,
chasteaulx ? Sinon qu'en iceulx fault viure chaste-
ment. Laissons là la bonne renommée que nous
pouons acquérir par chasteté. Regardons tant seulement l'utilité. N'est-il pas vray que luxure affoi-
blist la puissance de l'homme, qu'elle l'oste et le
priue de son entendement et luy appetisse son esprit, icelle hébète la veue, elle empesche l'ouye ;
lesquelles choses combien sont proffitables en la
guerre, pense le toymesmes.

QU'IL FAULT QU'VNG CAPITAINE USE AUCUNESFOIS EN GUERRE
DE MOCQUERIES ET PETITES PAROLLES IOYEUSES.

Les capitaines sages souuent en grands périlz et
guerre dangereuse ont de coustume vser de cauillations, mocqueries et parolles ioyeuses. affin qu'ilz
chassent craincte hors des cueurs de leurs souldars.
Car en vsant d'icelles il donne à congnoistre qu'il
n'estime rien ce qui est tant crainct et redoubté
par iceulx. Lesquelz voyant la fiducie et asseurance
de leurs capitaines, pour ceste cause ostent souuent
paour et craincte d'auec eulx, et reprennent cueur
et courage. Et de ces cauillations et mocqueries vsa
Hannibal de Carthage, quand premièrement il vint
en Italie contre les Romains. Pareillement Alexandre le Grand, tant en la première qu'en la seconde
bataille qu'il eut contre le roy de Perse, voulut vser
de ceste manière de faire. Lequel admonesté par
aucun de ses amys, pourquoy en vng grand danger

[1] (comme il estoit) il dormoit tant. En face ioyeuse luy respondit : « Ne sçais tu pas bien que nous auons vaincu, et que nous sommes les maistres? » Laquelle parolle fut incontinent sceue par tout son ost, qui à tous fut cause de espérer la victoire, comme après ilz eurent par leur bienfaire.

QUAND LES SOULDARS DISENT MAL DE LEUR CAPITAINE.

Les souldars, encores les plus gentilz compaignons d'une trouppe, ont presque tousiours acoustumé de dire mal de leurs capitaines (peult estre) pource qu'iceulx souldars ne sont suffisamment récompenséz de leurs seruices, ou bien que les capitaines ne les ayment point. A ceste cause, si tu scez que tes souldars dient mal de toy, tu ne te doibs pourtant courroucer contre eulx, mais plustost vser enuers eulx de doulceur, libéralité et franchise. Car par celà tu pourras non seulement les garder de détractions, mais aussi les semondre à bien parler de toy, et te louer plus que nulz autres, et les feras plus promptz par ce moyen à vouloir entreprendre de plus en plus faictz ruyneux et cuidans périlz. Et d'auantage garde toy pour petit chose perdre les gens de bien de ta trouppe ; lesquelz tu doibs de toute ta puissance (sans riens y espargner) retenir, garder, aimer, présumer et récompenser selon leur mérite et bienfaire.

COMMENT·IL FAULT ADMONNESTER ET INCITER SES SOULDARS
A PRENDRE PEINE ET LABOURER.

Par labourer soymesmes et non par violence ou contraincte, tu doibs esmouuoir tes souldars à

1. 7ᵉ feuille (pages 97 à 112) du *Guidon des gens de guerre*. — Cette partie formera volume.

trauailler et prendre peine, ainsi que tant de fois
voulut faire Marius, iadis sage et bien estimé capitaine Romain, lequel presque tous les iours suppor-
toit et enduroit les fatigies et peines incréables, affin
que par son exemple, plus tost que par force, il con-
traignist ses gens à faire ainsi que luy, qui voyans
leur capitaine ne s'espargner au labeur, s'ilz n'eussent fait leur deuoir comme luy, ce leur eust esté
honte et merueilleuse vergongne. Par bonne raison
donques, et non sans cause icelluy Marius prenoit
peine luymesmes. Car comme pourra vng chef ou
capitaine de guerre bien admonester ses gens et les
inciter à peine, à chasteté, à force, à vigilance et à
solicitude, qui sera luxurieux, paresseux, timide,
endormi et négligent. D'vng capitaine se mocque-
ront les souldars, qui est vicieux, et qui veult de
vice les autres reprendre. Le capitaine donc qui
veult impérer et gouuerner autruy, premièrement
tasche à se gouverner soymesmes. Et qu'il en suyue
la parolle escripte anciennement au temple d'Apollo,
qui estoit : Regarde toy. Car, après s'estre regardé,
il ne vouldra reprendre vng autre du vice dont il
est taché, mais il se gardera d'icelluy le plus qu'il
luy sera possible, affin que, s'il vient d'auenture à
le corriger et reprendre, on ne lui saiche alléguer
qu'il soit chargé et commaculé d'icelluy. Par ce
moyen, ses subiectz ou ceulx qui seront soubz sa
charge en toutes choses libéralement luy obeyront
et obtempéront à leur pouoir.

QU'IL FAULT FAIRE POUR RÉCONCILIER ET ATTIRER A SOY VNE PROVINCE OU VNG PAYS ESTRANGIER.

Vng capitaine, en vsant des meurs et des habille-mens d'une prouince ou de vng pays estrange, icelluy merueilleusement attirera et semondra à luy porter bonne fantasie; car, par ainsi faire, il semblera à la gent d'icelle prouince qu'il sera natif de leur terre, ou qu'il le faict seulement pour l'amitié et béniuolence qu'il leur porte : et de ceste manière de faire voulut vser Alexandre de Macédoine, après auoir vaincu le roy de Perse : car il s'abbilla ainsi que les Persiens, desquelz pareillement il print les loix et les coustumes, affin que ceulx qu'il auoit vaincuz et surmontéz par armes, par se habiller comme eulx, faire viure à leur mode et manière les attirast en son amytié et bienueillance.

VNG CAPITAINE DOIBT FAIRE HONNEUR A SES SOULDARS ET ESTRE LIBÉRAL ENUERS EULX.

Vng capitaine doibt faire honneur à ses souldars, soient pauvres ou riches, ou de quelque condition qu'ilz soient, et doibt faire dons et présens, et se monstrer large et libéral enuers eulx; car, quand ilz se verront priser par leur capitaine et estre en sa bonne réputation, tous périlz, toutes peines et labeurs leur sembleront petiz et de nulle importance, quand ilz viendront au lieu pour luy faire seruice, et ne craindront à espendre leur sang, mais qu'ilz pensent en celà luy complaire. Le capitaine les doibt aussi souuent récompenser de si bonne volunté enuers luy, et de cheuaulx et d'abbillemens et d'argent pource qu'il n'est riens qui gaigne plus le cueur d'vng bon souldard que honneur, libéralité et largesse; car ce sont la nourriture de vertu. A ceste cause, les capitaines ne doibuent paresgner ny dignité ny argent à gaigner les cueurs de leurs souldars, qu'ils trouueront plus que prestz à les bien seruir en ce faisant.

QUAND ON CRAINCT LES SAILLIES AU SIÈGE D'UNE VILLE, QU'IL EST BON DE FAIRE A LA TUITION DE SON CAMP.

Qvand tu tiendras siège deuant quelque ville et que tu craindras que tes ennemys ne saillent soubdainement sur tes gens, tu doibs à la sauue-garde et tuition d'iceulx faire enuironner ton camp de rampars, et faire force tranchées tout autour, et faire de grandz fosséz. D'auantage si tu es en pays de bois, tu doibs en faire esleuer de grosses tours à l'entour, car par icelles tu pourras veoir tes ennemys, et les battre, et par ce moyen seras en sureté. Certes les saillies font aucunesfois de grand dommage à vng camp, pourtant que plus souuent se font sans bruyt et sans ce que ceulx de dehors s'en prennent en garde, pourtant qu'ilz sont prins impourueux et assailliz sans aucunes armes; le plus souuent aduient que par telles saillies vne bien grosse armée est desconfite, et le vaincueur matté et deffaict par le vaincu.

QUAND TU CONGNOIS QUE TON OST EST EN DANGER
D'ESTRE DESCONFIT.

Si tu congnois que ton ost, ta trouppe ou ta
compagnie soit en grand danger d'estre deffaicte,
tu doibs à tes ennemys totallement habandonner
ta vie; car, quand tu seras par tes gens veu en si
grand péril, peult estre que le cueur leur croistra,
et aussi ne vouldront faillir à te suyure sans y espargner ou corps ou vie, pource que, après ta mort, ilz
n'auroient espérance de recouurer meilleur capitaine, et soubz qui ilz fussent si bien traictéz. A
ceste cause, ainsi que désespéréz combattrout, qui
sera peult estre cause du salut de toy et d'eulx.

COMMENT ET POUR QUELLES CHOSES ON ACQUIERT
LA BIENUEILLANCE D'VNG PEUPLE

Par bancquetz et largesses de viandes s'acquiert
souuent l'amytié et bienueillance d'vng peuple,
car il ayme celà sur toutes choses, et ne cuydent
estre aucunement ayméz de leur seigneur ou capitaine, s'il ne les appelle quelque fois à bancqueter
auecques luy; pourtant qu'vng peuple ne demande
point ce qui est honneste, mais ce qui leur est proffitable, et sans auoir espoir de n'y proffiter auec
toy, tu pers et leur amour et bonne volunté.

DE LA MANIÈRE D'ENUOYER LETTRES D'VNG CAMP EN AUTRE.

En chasteaulx, en villes et aux champs, de ville
en autre, de camp en autre, tu peulx enuoyer
lettres attachées en flesches, lesquelles tu feras tirer

où tu veulx qu'elles tumbent; et par ce moyen seront aduertiz secrètement tes amys de ton intention, comme a faict de nostre temps à la prinse de Rhodes vng trahistre espaignol, cheualier de leur ordre, pour aduertir le Turcq de ce qui se faisoit dedans la ville, qui feut cause de la prinse d'icelle, à la grande confusion de toute la chrestienté.

QU'IL NE SE FAULT FIER EN PERSONNE, OU BIEN PETIT.

Les Roys auiourd'huy et les princes ne vsent point de paix ou de guerre pour garder iustice, mais seulement pour subuenir à leur vtilité ou mieulx à leur sensualité. Car qui est maintenant d'iceulx tant sainct ou tant iuste, qui ne rompe dix fois le iour sa foy, pour cuyder par la rompre occuper et mettre en sa puissance la seigneurie de son compaignon ou du moins vne partie. A ceste cause, il se faict au temps qui court aussi bon garder de ses amys que de ses ennemys, quand il est question de domination et régence : car il n'est auiourd'huy trompé que celluy qui se fie trop en autruy. Pourtant vng roy ou vng prince se garde de donner trop grande foy à vng autre roy ou à vng autre prince. Par trop est inscrutable et difficile à congnoistre maintenant le cueur des gens, qui cuydent que tousiours on les vueille tromper. Et par ce moyen, tousiours en seureté il pourra estre entretenu, qui croyra mon conseil. Encores d'auantage ie conseille que le moins qu'il luy sera possible ne permette et donne entrée, soit en forteresse ou autre part à son royaulme, à quelques gens que ce soit qui soient plus fors que luy, de paour des inconuéniens. Dieu nous garde que le passaige par le roy permis et donné à son ennemy par son royaulme ne nous soit pernicieux et dommageable.

D'UNE MUNITION.

Les charrettes et chariotz mises autour d'vng camp, l'une auprès de l'autre, leurs roues bien auant enterrées et lyées ensemble de bonnes et grosses chaînes, sont de grande munition, garde et tuytion. Et n'en pourroit-on trouuer de meilleure, plus expédiente et soubdaine, pour fortifier vng camp, pource qu'vng esercite a tousiours acoustumé de mener auec luy grand nombre de charrettes pour porter leurs harnois et bagages.

QUE ESPÉRANCE DE GAIGNER EST DE GRAND PROFFIT EN VNE GUERRE.

L'espérance de gaigner, soit en guerre ou en bataille, fait les hommes (encores qu'ilz soient imbéciles) fors et aduentureux. A ceste cause, te sera grande sagesse, si, deuant la bataille que tu prétendz donner à tes ennemys, tu incites tes gens à combattre hardiment pour le grand gain que ilz pourront faire à auoir victoire d'eulx, en les asseurant de n'auoir iamais poureté après ceste deffaicte, et qu'en icelluy iour du tout leur richesse est mise et colloquée, si par bien faire leur debuoir ilz viennent à estre les maistres. Ce qui leur en pourra bien donner l'occasion pour l'attente et espérance qu'ilz auront d'estre hors de poureté par les richesses conquises de leurs ennemys vaincuz par eulx et surmontéz.

DE LA SUPERHABONDANCE DE GENS EN VNG PAYS.

Av pays ou en la prouince en laquelle y aura superhabondance de gens de guerre, il sera bon la plus grand part d'iceulx mener ou enuoyer en quelque loingtain pays faire guerre, affin qu'ilz ne puissent estre cause d'y faire aucune sédition ou esmeute, qui fait aucunesfois perdre, gaster, ¦desmollir et apouir de bien grandes citéz fortes, puissantes et riches. A ceste cause, il est bon de pouruoir (pour éuiter tous inconuéniens) à oster et abattre les causes deuant que les effectz aduiènent. Car quand la matière fault, la forme fault, ainsi que dit le philosophe. Et est vng acte prudent de veoir les choses de loing qui peuent aduenir, et à icelles préuenir, si tu congnois qu'elles te soient dommageables, comme a fait tousiours et en toutes ses charges feu messire Guillaume du Bellay, seigneur de Langei, qui a esté vng des plus prudens, sage, vertueux et scauant gentilhomme, qui ayent esté de nostre temps.

QU'IL EST BESOING DE FAIRE AU COMMENCEMENT QUE VNE VILLE SE MET EN TON OBÉISSANCE.

En nouuelle et récente dédition, reddition ou gouuernement d'une prouince, d'vng pays ou d'une ville, pour gaigner le cueur des habitans d'icelle et acquérir leur bienueillance, tu doibs toutes ses

charges abbollir ou remettre à vng autre temps,
faire ouurir les prisons et déliurer les prisonniers,
les sentences, procès et informations faictes contre
iceulx faire brusler et mettre en cendres. Brief, tu
ne doibs oublier et laisser chose en cela qui con-
cerne humanité et clémence, affin que tes subiectz
nouueaulx cuydent et entendent ce que tu en faictz,
c'est pour l'ineffable amytié et très-grande béniuolence que tu leur portes.

DE LA PEINE OU PUGNITION QUE DOIBT AUOIR VNG CAPITAINE QUI S'EN FUYT D'UNE BATAILLE.

Vng capitaine qui s'en fuyt d'une bataille et qui
laisse vilainement sa trouppe ou sa bande, il doibt
auoir (sans mais, ni si) la teste couppée, affin que
sa pugnition soit exemple aux autres qu'ilz doibue-
ront mieulx vouloir mourir en vaillamment com-
battant, que perdre leur honneur et acquérir honte
et infamie, pour s'enfuyr meschamment.

QU'IL SE FAULT ABSTENIR EN LA GUERRE DE SPOLIER LES TEMPLES.

Se gardent sur tout les gens de guerre de spolier,
desrober et piller les temples et lieux sacréz de
Dieu, affin qu'il ne se courrouce contre eulx. Car
souuent aduient que par telles spoliations cruelles
et sacrilèges, les batailles sont perdues, et les grandz
esercites deffaictz et confonduz, pource que Dieu
ne veult laisser impugny vng faict tant abhominable et digne de pugnition. Doncques faictz que
tes gens (si tu veulx prospérer) se gardent autant
de toucher aux biens des temples comme aux corps

mors de tes ennemys, et encores plus, pource qu'il n'est point de guerre plus dangereuse et moins doubtable que celle de Dieu, qu'on doibt craindre et aymer sur tout.

QU'IL FAULT SUYUIR SES ENNEMYS QUAND ILZ FUYENT.

Ov que tu congnois auoir gaigné la bataille, et que tu vois tes ennemys qui s'enfuyent, si tu es asseuré qu'il n'y ayt point d'embusche ou de trouppe au chemin par lequel ilz se retirent, ie te conseille de les suyvre, et le plus loing qu'il te sera possible. Et ne fault différer en celà, affin que d'avanture, après auoir par eulx esté longuement fuy, et rafléuréz et remis ensemble, à toymesmes ne te donnent la chasse, et qu'eulx auparauant vaincuz ne te surmontent vaincueur. Ce qui aduient souuent, quand on ne prend et qu'on ne fuyt sa bonne fortune; laquelle a coustume voluntiers nuyre à ceulx qui n'en ont sceu vser, quand elle leur donnoit faueur et support.

QU'IL FAICT BON SIMULER LA FUYTE.

Si tu vois ou scaiz quelque lieu qui soit à ton aduantage pour là tirer tes ennemys, tu doibs faire semblant de te enfuyr, iusques à ce que tu les y auras menéz et mis; après, chauldement et viuement les assaillir de tous costéz : ainsi tu pourras facilement et sans grand perte les desconfire. En ceste façon font souuent ceulx qui veulent empescher les courses de leurs ennemys, et surprendre iceulx.

QU'IL EST BON DE FAIRE, QUAND ON VEULT METTRE AUCUNS DE SES
SOULDARS EN QUELQUE GRAND PÉRIL.

Ov qu'il est nécessaire enuoyer aucuns de tes
souldars en quelque besongne périlleuse et dangereuse, tu doibs d'iceulx eslire les plus courageux
et les moins paoureux, lesquelz tu doibs admonnester qu'en icelle dangereuse affaire ilz ayent tousiours bon cueur, et qu'ilz s'efforcent tant qu'il leur
sera possible de bien eserciter leur charge ; et que,
s'il aduient que par leur bien faire ilz eschappent
le danger où tu les enuoyes, il fault que tu leur pro-
mettes les faire riches et puissans, et leur faire telle
récompense de leur bon seruice, qu'ilz en pourront
mieulx valloir à tout iamais, en leur recommandant
aussi le grand honueur et haulte renommée qu'ilz
acquerront le temps aduenir, ou par y mourir vertueusement, ou par en eschapper vigoreusement.
Oultre, tu leur doibs donner à entendre que, pource
que tu les cuydes les plus gentilz compaignons de
toute ta trouppe et les plus entenduz pour mettre
fin à telle entreprinse, que plus tost que nulz des
autres tu les as choisiz à celà. Et aussi que ta
fiance est plus en eulx qu'à nuls des autres qui
soient soubz ta charge, ce que tu leur affermeras
par serment. Et à ceste cause, tu les prieras qu'ilz
ayent ton honneur et ton proffit en recommandation, puisqu'ilz l'ont l'vng et l'autre entre leurs
mains et en leur puissance. Lesquelz (ainsi aduertiz
et mémoratifz incessamment de tes parolles, et
affin que de plus en plus ilz acquièrent honneur et
grâce enuers toy), délibéreront de mourir en ceste

commission et charge pareillement, ou en venir,
par bien faire leur debuoir, au-dessus.

QU'IL FAULT SE GARDER DE COMMETTRE TRAHYSON.

Les capitaines et gentilz hommes ayans aucune
charge, et aussi tous souldars (qui ayment leur honneur) se doibuent garder sur tout de commettre
trahyson; car c'est vne meschanceté la plus exé-
crable et malheureuse qu'on sçauroit trouuer au
monde, pource que ceulx qu'on trahist aux traystres
demeurent à iamais ennemys. Et ceulx pour qui ilz
ont commis la trahyson, n'auront iamais bonne fiance
en eulx; ains les craindront et se garderont d'eulx,
comme ilz ont voulu faire enuers les autres. Et
d'auantage qui trahissent demeurent toute leur vie
notéz et hayz de chascun, et encores après leur
mort demeurent par renommée infâmes et mes-
chans au monde.

QU'IL EST BESOING A VNG CAPITAINE D'ESTRE BIEN PARLANT.

Estre graue en ses parolles, aorné et éloquent est
merueilleusement beau et proffitable à vng capitaine, et nécessairement fault qu'il le soit. Car vng
capitaine éloquent et bien parlant se rend à chascun
honnorable, ainsi qu'vng simulacre ou représentation d'une claire et lumineuse vertu, pourtant que
tous ses gens par son ornature de language le
prisent, l'estiment et honnorent. A ceste cause, il ne
fault point que le capitaine, s'il veult auoir bonne
estime de ses souldars, que deuant eulx il vse de
parolles superflues et vaines, sinon auecques ceulx

qui luy sont les plus près de familiarité et d'amytié.
Et ne luy est besoing de dire et parler lasciuement,
ny ne doybuent sortir de sa bouche motz témulans
et lubriques. Ains fault et est nécessaire que ses
dictz et parolles soient prudens et graues, en sorte
qu'ilz ressemblent plustost estre proférez par vray
oracle que par langue humaine.

QU'IL NE SE FAULT IAMAIS AMUSER AU BAGAGE DEUANT
LA DEFFAICTE DES ENNEMYS.

Deuant que donner bataille, tu doibs faire commandement à tes souldars, que sur peine de la hard
nul ne soit si hardy, deuant la bataille gaignée, de
prendre à ranson, mercy ou autrement aucun de tes
ennemys, de quelque estophe que ce soit; et aussi,
deuant icelle acheuée, nul n'entre au camp ou
tentes d'iceulx ennemys, pour piller, prendre et
rauir leur bagage. Après lequel commandement
fait, s'il s'en trouue aucun qui soit tant présump-
tueux de faire le contraire, celluy il te fault faire
pugnir grièfuement en son corps. Car, s'il aduenoit
que deuant auoir tous deffaictz tes ennemys, tes
souldars se amusassent au pillage, que ce pendant
n'y eust dangier, que iceulx tes aduersaires ne se
ralliassent et feissent de sorte que eulx, qui maintenant estoient vaincuz, fussent les vaincueurs.
Pour éuiter et eschuer lequel inconuénient, il te
vauldra mieulx estaindre du tout leur force et leur
feu, et ne vser de la victoire deuant qu'elle soit totallement en tes mains; fault aussi que tu penses que
petite estincelle demeurée de grand feu, aucunesfois cause de grandes ruynes et bruslemens. Il fault

aussi que tu mettes ordre, après auoir prins vne ville ou d'assault ou autrement, que aucun feu ne soit mis dedans pour la ruyner ; ains la doibs garder en son entier, pour la donner à aucuns de tes amys, qui la pourra deffendre contre la force et puissance de tes ennemys.

QU'IL FAULT AYDER SES VOYSINS.

S'il aduient que tes voysins soient molestéz par guerre, tu te doibs trauailler de toute ta force à leur donner ayde et secours, affin que la callamité de la guerre soit plus tost menée et exceutée au terrouer et pays de ton voysin, que au tien ; pource qu'il est propre et conuenable aux hommes (pour éuiter le danger du feu) courir à la maison de son voysin qui brusle et sur icelle estaindre le feu, plus tost que d'attendre qu'il soit paruenu iusques à la sienne, qu'il pourra garder par ce moyen. Doncques les voysins doibuent estre amys et se secourir les vngs les autres, affin que par estre ennemys après la deffaicte de l'vng, l'autre ne le soit, et que le péril de l'vng ne soit cause du dommage de l'autre.

COMBIEN IL EST PROFFITABLE, DEUANT VNE BATAILLE, EN LA PRÉSENCE DE SES ENNEMYS, EXÉCUTER QUELQUE HAULTE ENTREPRINSE.

C'est vne chose de grand aduantage, ouy de très grand esmolument ou proffit, et pour obtenir légièrement victoire de ses ennemys, de faire en leur présence, deuant la bataille, aucun acte vertueux, soit que le capitaine le face, soit que aucun de son ost

l'exécute, pource que par icelluy chascun de la part
dont a esté faict tel acte, prend cueur et prétend,
chascun en son endroict, de faire le pareil. Et aussi
que tes ennemys qui l'auront veu, par son effect,
pourront auoir paour et craincte. Et par celà souuent aduient qu'il ne fault seulement que vng gentil compaignon pour estre cause de gaigner vne
bataille, comme aussi vng meschant de la perdre.
Il fault doncques que vng capitaine prenne soing et
qu'il n'ayt solicitude d'auoir tousiours en sa trouppe
quelque souldard de grand cueur, de grand entreprinse et puissance, qu'il soit prompt et vaillant à
exécuter quelque bon combat.

QUE PARESSE EST A FUYR, TANT AUX CAPITAINES
QUE AUX SOULDARS.

Vng coronal, vng bon capitaine, vng gendarme
ne doibt moins fuyr oysiueté et paresse qu'une
peste exitialle, encores plus, car paresse estainct le
corps, et aussi l'âme, de laquelle n'est riens plus ex-
cellent et prétieux; et d'auantage l'honneur elle deffaict et la bonne renommée, ce que ne faict la peste
qui n'a pouoir sinon sur le corps, qui est de petite
durée et importance au pris des autres. A ceste
cause, les capitaines et les gendarmes, ny en temps
de paix, ny en temps de guerre, ne soient oysifz et
paresseux : mais que ilz chassent loing d'eulx icelle
beste cruelle, paresse, qui a de coustume (mesmement en prospérité) d'assaillir ceulx qui par diligence sont paruenuz à auoir bonheur et félicité. Et
en choses secondes, il ne se treuue d'icelle plus

dangereuse guerre, pourtant que les villes que
guerre n'a peu abattre et desmollir, souuent oysiueté et paresse ont ruynées et mis en désolation,
qui ont en elles non seulement ce mal qu'elles contraignent tomber les imprudens, mais aussi les
saiges.

QU'IL EST NÉCESSAIRE QU'VNG CAPITAINE VISITE LUYMESME LE PAYS AUQUEL IL A ENUIE DE GUERROYER.

Vng sage capitaine, deuant qu'il entre auecques
ses bandes en vne prouince pour y faire guerre, il
fault que luymesmes en personne se y transporte
pour veoir, regarder et considérer par quelles voyes
ou par quel chemin il pourra seurement conduyre
ses gens, où et en quelles pars pourroient dresser
ses ennemys embusches pour le surprendre, ou bien
quelles villes ou chasteaulx luy sera besoing de
prendre, assaillir et ruyner pour l'abréuitation de sa
guerre. Brief, il doibt diligemment regarder et considérer toutes choses qui luy sont nécessaires pour
soubdainement mettre fin à son entreprise, et à sa
puissance icelle ruyner. Et cela doibt luymesmes
veoir, affin qu'il ne soit trompé de ses espies, ou
par ignorance, ou par trahyson, s'il mettoit du tout
en eulx son attente et confiance.

QU'IL FAULT CROISTRE SON ROYAULME EN TEMPS DE PAIX.

L'office d'vng prudent roy est qu'en temps de
paix et transquilité, il augmente et croisse son pays
ou royaulme, par nouuelles aliances et amytiéz,
ainsi que feist Hasdrubal, sage empereur des Car-

[1] thagiens, desquelz il augmenta et creut merueilleusement la domination et régence, après la première guerre pugnicque, par cercher neufues aliances et nouueaulx amys. Ce que aussi ont acoustumé de faire tous autres sages princes, tant les anciens que les modernes.

QUEL DOIBT ESTRE VNG CAPITAINE.

Vng bon capitaine doit estre de grand audace et de grand cueur à entreprendre hardiment ce que son prince veult qu'il exécute, sans craindre dangier ny péril où il puisse tomber; encores en iceulx doibt tousiours estre de bon conseil, muny et pourueu si qu'il [2] ne s'esbahysse en façon du monde en quelconque affaire qu'il se trouue, car il seroit peu proffitable aux souldars auoir vng hardy capitaine qui seroit priué de bon conseil à vng besoing : pourtant que haridiesse ne vault rien sans bon conseil, car il est besoing que l'vng soit ayde pour l'autre. A ceste cause, si en l'homme l'ung d'eulx deffault, il pert non seulement le nom d'ung bon capitaine, mais aussi tombe en réputation d'estre imbécile et non digne d'auoir honneur, comme celluy qui mérite mieulx auoir gouuernement sur luy que d'estre sur autruy gouuerneur. Ainsi il est de nécessité qu'vng capitaine qui vouldra acquérir honneur et réputation entre les hommes soit sage et prudent, affin qu'il eslise le bien du mal. Car, comme disoit le philosophe et sage capitaine Bœotien Meronides : « La prudence se congnoist à vng

1. 8e feuille (pages 113 à 128) du *Guidon des gens de guerre.* — Cette partie formera volume.

2. Pour : *de telle façon* qu'il...

homme, non tant à se retirer du mal qu'à choisir le bien, pource que communément soubz le mal aucun bien ne se peult cacher, mais soubz le bien beaucoup de mal se peult dissimuler. »

QU'IL FAULT FAIRE A L'ASSAULT D'UNE VILLE POUR CROISTRE LES CUEURS DES GENS DE GUERRE ASSAILLANS.

Il est besoing, en vne oppugnation et assault d'une bonne ville, faire crier par le camp, de part le coronal et chef d'icelluy : que la ville prinse, à laquelle on doibt donner l'assault, qu'il entend qu'elle soit pillée et mise à sang, affin que pour l'espérance de gaigner soient plus ardantz à icelle assaillir et prendre les gens de guerre assaillans, desquelz les courages augmenteront les richesses par eux prétendues à l'expugnation d'icelle ville, pour laquelle mettre en leur puissance ilz ne vouldront espargner ny corps ny vie. Et ne pourront estre les deffendans si gentilz compaignons qu'après cest edict ilz puissent chasser lesditz assaillans, tant est au temps présent en cours désir de gaigner, auarice et concupiscence insatiable.

COMMENT IL FAULT PASSER UNE RIUIÈRE MALGRÉ SES ENNEMYS.

Il aduient souuent à vng exercite passer quelque riuière, de laquelle le passage est empesché par les ennemys. Parquoy en celà il fault trouuer le moyen de passer auec des basteaulx et faire pont d'iceulx, où tu ne pourras autrement en faire; toutesfois, deuant que faire passer totalement tout ton exercite, tu doibs enuoyer vne partie d'icelle passer beaucoup

plus bas du lieu où tu veulx passer et le plus secrètement que tu pourras, affin que ce pendant que
tes ennemys s'amuseront à toy, que tes gens desià
passéz donnent sur la queue de tesditz ennemys qui
ne s'en donneront garde, parquoy ainsi surprins, tu
pourras aysément passer, ce pendant qu'ilz seront
empeschéz à leur deffendre; et toy passé, ou par
toy, ou par tes gens desià passéz, pourront estre
vaincuz, chasséz et surmontéz. Et est ceste manière
de faire merueilleusement vtile en lieu dangereux.

QUE LE CAPITAINE DOIBT CONSEILLER SES SOULDARS, QUAND ILZ
SONT DÉSESPÉRÉZ DE LA VICTOIRE OU FASCHÉZ DU LONG CHE-
MIN QU'ILZ ONT A FAIRE.

Ov que tes souldars sont désespéréz ou bien
d'obtenir victoire contre leurs ennemys, ou faschéz
du long chemin qu'ilz ont faict, ou qu'ilz ont à faire,
tu doibs mettre toute diligence et solicitude à les
conseiller et leur donner bonne espérance de repos
et transquilité, affin que par ta consolation leur
tristesse et leur craincte soit totallement ostée et
arrachée de leur courage, et qu'ilz soient faictz
asseuréz et courageux à parfaire le chemin desià
par eulx encommencé, ou vaillamment exécuter la
guerre, ou la bataille entreprinse contre leurs ennemys.

QU'IL FAULT HONNORABLEMENT ENTERRER LES CORPS MORTS
DE TES ENNEMYS.

S'il aduient que tu surmontes tes ennemys, et
que d'iceulx aucuns soient mis à mort, tu gaigneras

merueilleusement le cueur des vivans, si tu as soing de faire honnorablement enterrer les corps morts de leurs compaignons; car par celà tu leur donneras à entendre que tu ne auras point entreprins guerre contre eulx par hayne ou malueillance que tu leur portasses, mais seulement pour garder et deffendre ton droict et ton honneur. A ceste cause, ne se pourront garder te porter bonne volunté et te aymer pour ta clémence et pitié, de laquelle rien n'est auiourd'huy plus louable en ce monde, et soit plus digne d'estre aymé, vénéré et extolleré.

DE PRENDRE OSTAGES EN GUERRE.

C'est vng sortable lien de bonne foy et vne asseurance bien grande, auoir et prendre aucuns ostages des plus grandz et plus riches de la ville ou du peuple que tu auras nouuellement surmontéz, et desquelz tu craindras la réuolte. A ceste cause, ie te conseille, si tu veulx garder icelle ville ou icelluy peuple en la foy qu'ilz t'ont promise, que tu prennes ostages riches et les plus suffisans d'entre eulx; car pour l'amytié qu'ilz porteront à iceulx ostages ilz demeureront et persisteront en la foy donnée et promesse faicte.

QU'IL FAULT CHASSER LES PLOREMENS DES FEMMES.

Les ploremens tristes et espouentables des femmes faisantes demeure ès villes, sont à éuiter, et les doibt-on cohiber, chasser et réfraindre. Car par telz vlulemens, telles plainctes et ploremens, les hardies pensées et les courages magnanimes des hommes se peuuent amoindrir et perdre, et n'ont puissance en telles tristesses le plus souuent de conceuoir aucun bon conseil, pour éuiter leur inconuénient, et chasser l'impétuosité de leurs ennemys.

QU'IL FAULT OCCULTER ET CACHER LES MORTS EN UNE BATAILLE, ET LES NAURÉZ.

Ayes souuenance, quand tu auras en quelque course, assault ou bataille perdu nombre de tes gens, les vngs par mort et les autres par blessures, tant que tu pourras par parolles et par faictz tu doibs cacher ceste perte et dommage; et, la nuyt venue, occultement et sans bruyt faire enterrer les morts à la plus grand diligence que faire se pourra, les blecéz enuoyer aux plus prochaines villes de celles qui te sont amys, et n'espargner chose qui soit proffitable ou conuenable à leur santé et guérison, pource que, eulx guéris, en vng autre affaire tu les trouueras plus promptz et appareilléz à te bien seruir, et ne refuseront faire et prendre péril (tant soit-il grand) pour toy, quand vne fois ilz auront congneu et expérimenté la largesse, clémence et miséricorde enuers eulx.

QU'IL FAULT AUCUNESFOIS METTRE PEINE DE APPAISER UN GENTIL COMPAIGNON, S'IL ADUIENT QU'IL SOIT MARRY OU QU'ON LUY EUST FAICT TORT.

S'il aduient qu'vng de tes souldars, homme de bien et gentil compaignon, par quelque iniure ou contumélie qu'on luy aura faicte, se courrouce, tu le doibs par doulces parolles ou par luy faire pré-

sens bénignement amollir et appaiser, plus tost que
le aigrir et eschauffer d'auantage, affin que tu n'ex-
périmentes celluy qui est prudent et fort encontre
toy puissant et pernicicux, et qu'il ne se réuolte du
costé de l'ennemy pour te nuyre. Ce qu'il pourroit
faire quelquefois à ton grand dommage.

QU'IL FAULT QUE LES SOULDARS SE GARDENT DE DEMANDER AR-
GENT A LEURS CAPITAINES, QUAND ILZ SÇAVENT QU'ILZ N'EN ONT
POINT.

Vn loyal et prudent capitaine, pareillement les
bons souldars, s'ilz sçauent que l'argent de leurs
payes soit failly et qu'il n'y ayt plus rien au trésor
ou coffres de leur coronal ou chef de guerre, pour
les satisfaire de leurs seruices, ilz se doibuent totalement abstenir et garder de demander satisfaction
et payement de leur seruice; car en vng grand
affaire et vrgente guerre, contraindre leur seigneur
faire payement, lequel ilz sçauent n'auoir de quoy,
qu'esse autre chose, sinon que trahyson et vng
donné entendre qu'ilz n'ont pas grand enuie de te
seruir. A ceste cause, s'ilz veulent estre ayméz par
leur prince, coronal ou seigneur, et acquérir sa
bonne grâce, ilz doibuent totalement leur taire de
demander ce qu'on leur peult bien debuoir lors, et
attendre que leur dit seigneur puisse auoir la puissance de faire à chascun récompense, selon son
mérite.

QU'IL FAULT SE GARDER DES CHOSES PETITES QUI SONT DIFFICILES.

Il est besoing laisser et escheuer les petites besongnes, qui sont aussi difficiles que les grandes à mener à fin. Car autant y fault il de despence, et toutesfois la gloire n'y est pareille, ny semblable l'honneur. A ceste cause, totalement est bon de se abstenir d'esmouuoir et faire guerre contre les prouinces, à faire lesquelles les despenses sont grandes, et tes peines immenses, et toutesfois la victoire ou le proffit en est nul, ou bien petit.

QUE DOIBUENT FAIRE LES PRINCES, APRÈS AUOIR ENCOMMENCÉ VNE BESONGNE.

Si vng prince a encommencé vne besongne, combien deuant que la commencer il ne le deust faire, si n'esse que puis qu'elle est commencée, que pour nulle chose du monde il ne doibt laisser qu'il ne l'aye acheuée et menée à fin. Et en celà ensuyuons les sages et anciens empereurs Romains, qui assiégèrent la ville de Cappe et la prindrent par force, enuers laquelle ilz vsèrent de si grande obstination que pour l'auoir, ilz habandonnèrent du tout leur propre ville et paternelz dommaines. Et ne les peult iamais desmouuoir de leur entreprise l'exercite puissant et merueilleux de Hannibal, par lequel en celluy siège furent souuent molestéz et mis presque du tout en totale ruyne. Or, nonobstant qu'ilz eussent beaucoup à y souffrir, toutesfois non esbahys ou par péril ou par labeurs, iamais ne voulurent habandonner ou leuer le siège, deuant auoir prinse ladicte ville d'assault ; laquelle ilz prindrent et eurent en la fin par continuelle peine, obstination, pertinacité et opiniastreté.

QU'IL FAULT BIEN GARDER CE QUE L'ON TIENT.

Si quelque ville ou quelque pays, en quelque sorte que ce soit, tu as acquise, gaignée ou mise en ta possession, ayes tousiours souuenance de ne t'en dessaisir pour quelque chose qui t'aduienne ; mais gardes-la tant qu'il te sera possible, pour ce que c'est plus grand honte de perdre si petit que l'on a que de ne l'acquérir ; et aussi que c'est vne chose merueilleusement difficile d'acquérir la domination de ville ou pays estrange. Et pour ceste cause, ie suis d'auis qu'il n'est bon de donner à autruy ce qu'auecques tant de peine et labeur se veult posséder et acquérir, et est chose beaucoup plus folle que saige de faire autrement.

QU'EN VNG ASSAULT IL Y A MULTITUDE D'ARBALESTRIERS ET DE HARQUEBOUSIERS.

Toutesfois que par la grande multitude des arbalestriers et des harquebousiers qui donnent assault, ceulx des villes qui sont sus les murs (pour la deffence d'icelles) ne peuuent y faire demeure, pour contredire l'oppugnation et assault de dehors, ie suis d'auis (s'ils n'ont le moyen autre pour ce faire) qu'ils percent leurs murailles en maintz lieux, et qu'ilz y fassent petis pertuys, par lesquelz ilz pourront nuyre et d'arbalestres et d'acquebutes aux assaillans, affin que trop seurement ilz ne puissent entrer en leur ville.

QU'IL FAULT FAIRE, QUAND IL Y A BRESCHE EN VNE VILLE ASSAILLIE.

Souuent aduient que les puissans et fors murs des villes par coups de bombardes, couleurines, canons et autres pièces d'artillerie, sont ruéz et mis bas. A ceste cause, si tu te treuues en vne ville qui soit assaillie, et dont les murs soient abattuz en quelque part d'icelle, ie te conseille que soubdainement auecques grande diligence tu faces faire par dedans des rampars de terre et de boys, meslé l'ung auec l'autre, et aussi faire esleuer des tours de boys aux coings d'iceulx pour battre les flans de ceulx qui vouldront entrer par la bresche. Aussi tu feras faire de grandes tranchées par dedans, et parfondes fossés tout autour desquelles soient mis près bien fort l'ung de l'autre des paulx fichéz en terre, en manière de murailles, qui seront pour la tuition de la ville. Par ce moyen, l'entrée en icelle sera plus difficile aux assaillans que par les premières murailles, abattues ainsi que dessus. Il y a milles autres manières de faire en telz inconuéniens que ie laisse d'escripre, pource que Vegetius et Vallo en ont assez amplement descrit.

QU'IL FAULT FAIRE EN MANIFESTE PERTE D'UNE VILLE.

Quand tu es en vne ville assiyée, et qu'il t'appert que les marchans et citadins d'icelle ont enuie de leur rendre à tes ennemys, incontinent et sans attendre tu doibs auecques tes gens de guerre les mettre à mort, sans en y espargner aucun. Car en telles choses aucune voye de raison n'y proffite rien, et nulles loix y sont gardées; parquoy ce que par aucunes parolles et que par raison on ne peult persuader, incontinent il est besoing par droict le faire entendre à la rigueur de l'espée.

QU'IL FAULT FAIRE, QUAND TES GENS SONT TARDIFZ ET LENTZ A L'ASSAULT DE LA VILLE QUE TU VEULX PRENDRE.

Ov que tu congnois tes gens de guerre laschement et froidement donner assault et assaillir tes ennemys, tu doibs oster les enseignes des mains de ceulx qui les portent, et les ietter dedans la ville par dessus les murs, ou autrement. Et puis doibs admonnester tes gens, et les prier qu'ilz ne seuffrent telle iniure et vilennie t'estre faicte, ne à eulx aussi de permettre que icelles enseignes soient ainsi vilainement perdues et mises en la possession de tes ennemys. Et, après auoir ce dit, tu doibs prendre vne rondelle, ou vng pauoys, et dire : que ceulx qui t'aymeront te suyuent. En ceste sorte, tu pourras assembler tes gens auecques toy, lesquelz te voyant en telle délibération, mettront peine de te suyure, et de gaigner ce qu'ilz estoient en danger de perdre sans ton moyen et ta prouesse.

QU'ON NE DOIBT EN LA GUERRE DESPRISER CHOSE TANT SOIT PETITE.

Il n'y a rien si petit ou si légier en la guerre que aucunesfois n'aye grande puissance de nuyre ou

de proffiter. A ceste cause, si tu es sage, tu ne con-
temneras ou despriseras aucune chose tant soit
petite, mais égallement examineras et pèseras tout
ce que deuant toy se présentera. — Le vent pro-
spère en bataille marine est souuent cause d'auoir
et obtenir victoire.

QUE SOUUENT PAR TÉMÉRITÉ ON ÉUITE DE BIEN GRANDZ PÉRILZ.

Il aduient souuent qu'une armée est un si grand
dangier qu'il luy est presque impossible d'en
eschapper. A ceste cause, lors le capitaine se doibt
ayder de témérité et estre aduentureux, affin qu'il
vienne par icelle au dessus de la besongne que par
raison il n'eust peu faire. Et de ceste manière de
faire ie trouue plusieurs capitaines auoir vsé, et
s'en estre bien trouuéz, pource que merueilleux et
grand est aucunesfois le pouuoir d'audace témé-
raire et folle hardiesse. Les entreprinses de Scandabergus, prince des Épirotes, nous en donnent
preuue assez suffisante.

QUAND TES ENNEMYS HABONDENT PLUS QUE TOY EN GENS DE CHEUAL.

Si tes ennemys ont plus grand nombre de gens
de cheual que toy, et que tu les vueilles combatre
ou pour quelque proffit que tu y cuydes auoir, ou
par contraincte de quelque nécessité, ie te conseille
lors que chascun gendarme ou archier des tiens
porte en crouppe vng homme de pied légier et
prompt, qui en vng mesme temps ayt l'agilité et
promptitude de monter, descendre, frapper et

molester son ennemy. Ceste manière de combatre fut premièrement inuentée en l'obsidion et siége de Cappe. Ov autrement que tu vses d'arquebousiers à cheual ; car il n'est rien meilleur pour deffaire vne gendarmerie.

DES VILLES QUI SE RENDENT LIBÉRALEMENT.

Les villes qui de propre volunté et libéral mouuement se rendent à toy, si tu ne peulx totalement les garder et deffendre contre tes ennemys, toutesfois tu ne les doibs piller, ny permettre qu'aucune iniure leur soit faicte ; mais plus tost les doibs gratifier par dons et par présens, et vser enuers elles de toute manière d'honnesteté, affin que l'exemple de telle franchise et gratification faictes à icelles puisse paruenir aux autres plus deffensables, lesquelles plus facilement pour ceste cause se vouldront rendre et mettre en ta mercy.

QU'IL EST NÉCESSAIRE AUX GENS DE GUERRE SCAUOIR L'ART DE GUERROYER.

La science et l'expérience de l'art militaire, de coustume, apporte grand proffit et donne grand audace aux gens de guerre et à leurs capitaines. Car les sçauantz et expérimentéz sçauent mieulx (que les autres non expers et non acoustuméz du mestier) se garder et deffendre de leurs ennemys, et plus finement sçauent assaillir et frapper iceulx ; lesquelz, s'ilz trouuent moins expers et enguerroyéz qu'eulx, deuant qu'ilz leur donnent la bataille, encores deuant le commencement d'icelle, ilz con-

gnoissent et ont apperceuance certaine d'emporter
la victoire ou de perdre la iournée, ainsi que la
besongne se portera. Toutesfois où qu'ilz congnoissent leur désauantage et dommage, ilz ont
assez la cautelle, et treuuent assez de moyens pour
différer et prolonger la besongne iusques au temps
qu'ilz verront propice à obtenir victoire, de laquelle
asseuréz, plus courageusement et auecques plus
grande délibération combatront leurs ennemys.
Mais ceste science d'art militaire comme elle s'acquiert par continue et quotidiane exercitation, ainsi,
par longue désacoustumance de fréquenter les
armes, elle se perd comme font aussi toutes les
autres sciences de ce monde, lesquelles, sans y
séiourner, se perdent et aduichillent.

AUEC PETIT NOMBRE DE BONS SOULDARS SE GAIGNENT
LES GRANDES BATAILLES.

Si tu prétendz agir et faire aucun acte digne de
mémoire immortelle et perpétuel, prens seulement
auecques toy vng petit nombre de gens de guerre,
gentilz compaignons et expérimentéz. Car auec
eulx plus que ton soul tu en pourras rompre et
abatre vne bien grosse multitude, et d'icelle emporter l'honneur et la victoire. A quoy faire, si tu te
veulx ayder d'une grande multitude et assemblée
de gens, qui ne sçauent que c'est de porter armes
ou de leur trouuer en quelque bonne affaire, certainement tu te tromperas et des liens dont tu cuyde-
rois les séduyre et surprendre, toymesme te séduy-
rois et prendrois. Cecy ont practiqué plusieurs

capitaines, mesmes le roy Charles huytiesmes à la iournée de Fournoue.

DES IEUNES GENS QU'IL FAULT ESLIRE ET CHOISIR POUR LA GUERRE.

Les apprentifz des armes se doibuent choisir et prendre fors, robustes et grands de corps, qui en vng mesme temps puissent endurer faim et soif, et dormir sur la terre, ausquelz aussi soit volupté et plaisir continuellement manier les armes et combatre à leurs ennemys, sans qu'ilz estiment celà labeur ou peine, mais ieu et esbat. De tels apprentifz et ieunes gens tu prendras soubz ta charge en ta compaignie. Car, pour vray, s'ilz ayment ainsi à faire comme i'ay dit dessus, ilz seront très bons souldars et gentilz compaignons, le temps aduenir, et te pourras ayder d'eulx en de bien haultes affaires et dangereux périlz : et par eulx te pourront aduenir tes entreprinses selon que tu demandes. Il est requis donques diligente solicitude et grande sagesse à sçauoir bien choisir les ieunes hommes dont on a enuie de se seruir au faict des armes (toutesfois que l'on cuyde souuent d'aucuns qu'ilz soient ou seront gens de bien, qui enfin ne vallent riens, et au contraire). Parquoy souuent on y est trompé, et aussi qu'il ne fault iuger selon le corps, mais selon le cueur.

QUELZ DOIBUENT ESTRE LES GENS DE GUERRE AUSQUELZ NOUS VOULONS DONNER CHARGE DE NOZ PAYS ET DE NOZ VILLES.

Il te fault diligemment regarder que tes gens de guerre ausquelz tu veulx donner la garde et la def-

fence de ton pays ou de tes villes, qu'ilz soient naiz
et habitans du pays et des villes, encores des plus
riches et des plus nobles, et, s'il se peult faire,
qu'ilz ayent des filz et qu'ilz soient pères de famille.
Car telles gens te seront tousiours bons et fidèles :
iamais tu ne auras craincte d'eulx qu'ilz te fassent
aucune trahison; laquelle seront marriz de faire,
ouy de penser, tant pour la craincte d'eulx et de
leurs biens, que aussi elle seroit reprochable,
vilaine, périlleuse, et dommageable aux leurs et à
leur postériorité, ainsi qu'vng crime sur la terre le
plus meschant et abhominable qui se y puisse faire.
Et encores, pour plus grande seureté d'eulx, tu
pourras tenir leurs enfans auecques toy.

DE LA MANIÈRE DE COMBATRE.

Les souldars doibuent tousiours assaillir leurs
ennemys de pointe, et non de taille. Car par telle
mode de combatre les gens s'estonnent fort, mesmement si les coups se iettent en leurs faces. A
ceste cause, iamais ceste manière de combatre ne
oublient, pource que aussi les blessures qui suruiennent par coups d'estoc sont mortifères ou mortelles, et qui désirent et demandent plus tost les
prebstres que les médecins. Mais s'ilz vsent et se
aydent d'espées orientalles, c'est de Souysses, Allemans et Lansquenetz, ilz doibuent frapper de taille
non pas d'estoc; car ces espées sont si tranchantes
et mortelles qu'vng bien petit coup est facile de
coupper la teste vng homme, ou de luy aualler et
coupper vng membre.

EN QUELZ LIEUX SE DOIBT ASSEOIR ET PLANTER UN CAMP.

Tv doibs planter et asseoir ton camp, s'il t'est
possible, tousiours ès lieux aquaticques, habondans
en bois et pasturages, dont tes gens puissent iouyr
à leur volunté et à leur aise, sans le danger de tes
ennemys. D'auantage, où tu mettras ton camp, tu
doibs diligemment veoir qu'auprès n'y ayt aucune
montaigne qui ayt veue sur icelluy, de paour que
aucunesfois n'aduint que ton armée fust surprinse,
ou par nuict, ou par iour, qui te seroit cause de
grande perte, dommage et de grande craincte à ton
ost. Aussi te fault garder de le mettre ès lieux où
souuent ont acoustumé s'assembler grandes inun-
dations d'eaues, ou bien ès lieux èsquelz tes ennemys te pourroient deffaire par la rompture de quelque riuière, par laquelle pourroit estre du moins
merueilleusement molesté ton camp, ou par habondance de trop grandes eaues, ou par deffaulte de
pasturages pour tes cheuaulx, qui seraient occupéz
et surmergéz d'icelles. Pareillement ne se doibuent
asseoir tes tentes et ton camp en lieu descouuert par
trop, auquel tes ennemys te pourroient aisément
canonner et faire dommage à coups de canons, pas-
seuolans, serpentines ou autres machines de guerre.
En telz cas ne se peult donner certaine règle et ne
sçaurois bonnemant quel moyen tu doibs tenir en
telle assiète, sinon qu'il fault que tu t'y gouuernes
selon la qualité du lieu et la nécessité de ton affaire
ou temps, que tu doibs entendre et congnoistre sur
toutes choses.

[1] QVAND TES ENNEMYS TE PRESSENT ET QUE TON CAMP N'EST
DU TOUT ASSIS ET MUNY.

Si tes ennemys sont près, et qu'il t'est nécessaire
de munir et enforcer ton camp, tiens deuant icelluy camp la plus grand part de tes gendarmes en
armes, et la plus forte de tes gens de pied, affin
qu'ilz reboutent ou du moins qu'ilz soustiennent la
violence d'iceulx ennemys, iusques à tant que la
munition et le fort de ton camp soit du tout parfaict.
Et lors en icelluy petit à petit fais retirer iceulx
gendarmes et aduenturiers. Par ce moyen, tu tromperas tes ennemys, et sera licite, puis après en seureté de sortir et entrer ton fort, toutesfois qu'il te
plaira; et ceulx qui maintenant cuydoient auoir tout
gaigné, par aduenture petit après s'en retourneront
et retireront vilainement.

QU'IL FAULT PLUS TOST SE SERUIR DE SES SUBIECTZ MESMES
EN GUERRE, QUE DES ESTRANGIERS.

Tv doibs plus tost eslire tes subiectz et ceulx de
ton pays à te seruir au temps de guerre que les
estrangiers. Car tu trouueras iceulx plus fidelles et
plus promptz à prendre et cercher les dangiers, que
non pas ceulx d'autre nation. Et la cause pourquoy
tu seras mieulx seruy de tes subiectz mesmes est
assez apparente : toutesfois ie ne veulx laisser à
dire qu'ilz (pour leur prince, pour leur pays, pour
leurs enfans et pour leurs parens et amys) vould-
droient prendre et souffrir tous les hasars qu'on
leur sçauroit présenter, en laissant leurs femmes,

1. 9ᵉ fouille (pages 129 à 144) du *Guidon des gens de guerre*. — Cette partie
formera volume.

leurs affins [1], cousins et alliéz, la mémoire et souuenance desquelz leur croistra le cueur et augmentra
la puissance. Toutesfois que les riches Vénitiens ne
sont de mon opinion, pource qu'eulx seulz, entre
tant de roys et princes qu'il y a au monde, se seruent de gens estrangiers. Ce que nous acoustumons
de faire en France; et puis entendre pourquoy, veu
que les estrangiers ne nous seruent que de nombre,
parade, et sur tout d'emporter l'argent du roy,
comme la preuue est notoire et manifeste.

QU'IL FAULT REGARDER DEUANT QUE FAIRE AMASTZ ET ASSEMBLÉE

DE GENS DE GUERRE.

Qvand tu as enuie et volunté d'esmouuoir guerre
en quelque pays, tu te doibs enquérir et scauoir
sans doubte si icelluy pays est constitué en pleines
ou en lieux monteux : car, s'il est entre montaignes et
lieux robotteux et aspres, tu doibs faire plus grand
amastz de gens de pied que de cheual : encores est-
il besoing que tes gens de cheual soient légièrement arméz, affin qu'ilz puissent aysément monter
et descendre les montaignes, et aussi si la nécessité
vient qu'ilz se mettent auec les gens de pied. S'il
aduient que ce soit en pleines que soit constitué le
pays, alors la totale espérance doibt estre mise aux
gens de cheual; car en pleines et campaignes les
gens de pied sont de petite ou de nulle vtilité et
proffit. Je dis cecy non sans cause; car à faire
amastz de tant de gens, il s'y fait de merueilleuses
despenses.

1. *Les gens de leur famille.*

POUR GARDER VNG CAMP EN BONNE SANTÉ.

La bonne conualescence en vng exercite se garde
bien merueilleusement par soy exerciter, et aussi
pour asseoir icelluy en lieux idoines et salutaires
et habondans, principalément en conduictz de chemins, de portz, de fleuues et riuières, affin qu'il n'y
ayt nécessité et deffaillance de viures. Car souuent
par faim s'engendre peste en vng camp, d'autant
que par pénurie et faulte de viandes bonnes et proffitables, les gens sont contrainctz vser en leurs
mangers de viandes inutiles, immundes, ordes et
nuysantes aux corps humains.

QU'IL FAULT FAIRE OÙ VNE RIUIÈRE NE SE PEULT PASSER A GUÉY.

Ov la rivière que tu vouldras faire passer à tes
gens sera si parfonde qu'elle ne se puisse gayer ny
par gens de cheual ny par gens de pied, tu la doibs
diuertir de son cours naturel, s'il t'est possible, et
la faire courir ailleurs par dix mille fosses et voyes
que tu y feras. Et en ceste sorte le passage d'icelle
te sera facile et seur.

POUR CONGNOISTRE LES ESPIES DE TES ENNEMYS.

Combien qu'il soit difficile en vng bien grand ost
congnoistre les espies de tes ennemys, toutesfois ie
te diray aucunes raisons non inutiles, par lesquelles tu pourras quelque fois en auoir congnoissance. La première, que tu regardes souuent les
roolles de tes bandes; et, s'il s'en trouue, après

auoir chascun appellé l'ung après l'autre, aucuns
sans estre enroolléz et sans party, ce te sera non
petite souspeçon qu'ilz seront espies; mais s'il
aduient que ceulx-là qui y sont escriptz etномméz
soient trahistres, et qu'ilz aduertissent tes ennemys de ce qui se fait en ton camp, il te sera lors
de nécessité faire garder les champs, les boys et les
chemins de iour et de nuict par aucuns de tes souldars, et ceulx qui seront prins par eulz soient
ramenéz, tormentéz et occis comme espies : mesmement tous ceulx qui sortiront du camp sans
congé de leur capitaine ou de leur maistre doibuent
estre souspeçonnéz d'estre espies et trahistres. Toutesfois, aussi l'office d'ung sage capitaine sera de
faire veoir et regarder tous les iours son camp par
aucuns de ses gens les plus fins et entenduz, qui
doibuent noter les faces des hommes pour les recon-
gnoistre, affin que s'ilz en treuuent en après qu'ilz
n'ayent acoustumé de veoir, qu'ilz s'enquièrent
d'eulx, soubz quelle charge ilz sont, combien de
temps il y a qu'ilz sont enroolléz, et s'ilz sont gens
de cheual ou de pied. Tu pourras aussi de iour
commander que tout le monde de ton camp se retire
en son quartier chascun vers son capitaine, et en
leurs tentes, affin que s'il s'en treuue aucuns qui
ne sachent où eulx retirer et qui ne ayent point
d'aueu comme dessus, qu'ilz soient prins et liéz,
affin qu'on congnoisse qu'ilz font au camp et pourquoy ilz y sont.

QUE LE CONSEIL SE DOIBT TENIR SECRET EN LA GUERRE.

Prens tousiours conseil de ce que tu auras affaire auecques les plus vieulx, et les plus sages, soient capitaines ou souldars de ton ost, et ne fais rien témérairement sans leur aduis et opinion; mais après les auoir ouyz diligemment, considère ce que tu auras affaire et suis l'aduis de celluy que tu congnoistras meilleur à exécuter ton entreprinse à ton honneur. Et gardes sur tout que la conclusion de ton conseil ne soit déclarée ou diuulguée, affin que tes ennemys n'en soient aduertiz, lesquelz ne sachans ce que tu prétendz faire contre eulx, ne ponrront obuier à ce que tu ne viennes maulgré eulx le plus souuent au-dessus de toutes tes besongnes, selon ta volunté.

DES PAROLLES QUE DOIBT TENIR VNG CAPITAINE A SES GENS, QVAND IL VEULT DONNER LA BATAILLE A SES ENNEMYS.

Qvand tu as ordonné tes gens au combat et qu'ilz marchent pour combatre, deuant qu'ilz soient assembléz auec leurs ennemys, tu doibs leur dire et remonstrer que tu as délibéré mourir en combatant vaillamment plus tost que retourner sans auoir victoire de tes ennemys. Et merueilleusement te pourront proffiter ces parolles à l'augmentation des cueurs de tes souldars et au gaing de la bataille, mesmement où tu es aymé et honoré d'iceulx, et d'autant qu'ilz auront souuent expérimenté ta clémence, libéralité et bon traictement (dont tu auras vsé enuers eulx), d'autant pour le salut de toy et pour ton honneur ilz se exposeront au mourir, pource que après ta mort leur seroit grief de viure soubz la conduycte d'autruy. A ceste cause, efforce toy de leur persuader ton salut ou ta mort estre du tout boutée entre leurs mains.

VNG ASTUCE OU TROMPERIE POUR SURPRENDRE SES ENNEMYS.

Le conseil est que tu prennes tous ceulx qui seront les plus inutiles de ton camp, et que tu les enuoyes ès lieux où tu cuydes que tes ennemys les chargent; à celle fin que par la deffaicte d'iceulx, leur captiuité et meudre affriandéz, tu les puisses attirer où tu auras mis gens en embusche pour les surprendre. Ce qu'ilz feront licitement et sans grand danger, pource que tes ennemys vouldront suyure la fortune de la victoire qu'ilz cuideront desià auoir en leurs mains pour deffaicte des dessusditz; et se rendront par ce moyen plus habandonnéz et ententifz à la chasse de tes gens que la considération de leur salut. Parquoy, soubdainement surprins par ton embusche, en la qualité ilz tomberont en désordre, seront mattéz et desconfitz. En telle manière et par telle déception ont esté beaucoup de gens trompéz, et beaucoup de grandz ostz destruytz et mis en ruyne, laquelle façon de faire ne ignorent point les gens de guerre d'Orient, lesquelz souuent pour déceuoir leurs ennemys laissent eschapper leurs cheuaulx, et les chassent deuers le lieu où sont leurs ditz ennemys, affin que eulx ententifz du tout à la prinse d'iceulx cheuaulx,

ilz habandonnent leur ordre, et que ilz laissent leur
trouppe, et par ce moyen qu'ilz soient tuéz ou
prins.

QU'IL FAULT FAIRE DES PRISONNIERS.

Si tu as prins aucuns de tes ennemys, tu ne les
doibs témérairement tuer; mais plus tost réduyre
et mettre à labourer les terres, principalement ceulx
que tu congnoistras à ce faire vtiles, pource que
nul proffit, nulle vtilité, nul bénéfice ne te pourroit
aduenir par la mort d'iceulx. Ce que par leur viure
pourra bien estre; car s'ilz sont gardéz et contrainctz à exercer la culture des champs, par leurs
continuelz labeurs tu pourras cueillir et amasser
grande et innumérable quantité de fruictz. Ce que
assez de roys ont practiqué, et mesmement ce mahu-
metisé prince des Turcqs, lequel inestimable
nombre de Chrestiens (o vergongue des princes
catholiques!) a mis, bouté et rédigé en seruitude,
cuydant assez que sans laboureurs ne se peult nourrir son exercite, et aussi que par leur vendition il
peult payer ses souldars, et par ce moyen que la vie
des captifz luy est plus nécessaire et aduantageuse
que non pas leur mort.

POUR TROUUER DE L'EAU DOULCE AU BORT DE LA MER.

Av riuage de la mer tousiours l'eaue doulce se
trouue où les arbres viennent et croissent, mesmement dessoubz iceulx qui rendent plus grand vmbre.
Ce qu'il est besoing de sçauoir à vng capitaine.

QVAND ON COMBAT DE NUYCT.

Il n'est point inutile aucunefois combatre de nuyct; mais il fault que tu mettes tousiours, s'il t'est possible, la lune derrière ton dos, pource que tes ennemys facilement ne pourront éuiter tes coups, pour l'abus et empeschement que leur donnera la clarté de la lune.

CE QU'IL FAULT FAIRE A VNG CAPITAINE POUR APRENDRE SES GENS DE GUERRE A COMBATRE.

Vng sage capitaine deuant que venir au combat, et deuant que donner quelque bataille à ses ennemys, doibt monstrer, tant à ses gens de cheual que de pied, comment ilz doibuent aller, marcher et tenir leur ordre, pource que leur inscience pourroit estre cause de sa destruction et totale ruyne; et d'autant que ceulx qui sont sans art et congnoissance de l'art militaire ne peuent pas bien entendre ce qu'ilz doibuent faire, s'ilz ne sont monstréz et apprins par leurs capitaines, èsquelz gist l'estat proffitable de paix et de victoire.

DE L'OFFICE DES ROYS OU DE LEURS LIEUTENANS GÉNÉRAULX EN LA GUERRE.

Les roys et les autres primatz ou potestatz (chassez tous autres conseilz d'eulx, encores qu'ilz fussent sages, et de grande prudence) doibuent laisser et permettre les capitaines et chiefz de leur guerre (qui sont en icelle expérimentéz) vser de

toute raison bellique et martialle, et contre icelle
raison rien témérairement faire, commettre ou per-
pétrer. Et en celà doibuent prendre pour exemple
Pompée, qui pour l'excellence de luy en l'art militaire mérita estre appellé grand; lequel, voulant vser
d'icelle raison contre César, contrainct par le Sénat
Romain de faire autrement qu'il n'auoit pensé ou
prémédité et que la raison de guerre ne requéroit,
feut vaincu, surmontéz et desconfit, et auec tous
ses amys misérablement fut occis et meurdry.

DU SIGNE DE GUERRE.

Le signe dont tu doibs vser en la guerre, c'est
que tes tentes soient rouges, pour donner signifiance
de victoire contre tes ennemys, auec grande effusion
de leur sang. Et n'est couleur en ce monde plus
conuenable à l'homme de guerre que la couleur
rouge, pour plusieurs raisons, et principalement
pource que les blessez n'ont congnoissance de l'effusion de leur sang, qui est souuent cause d'eston-
ner les hommes, en sorte qu'ilz perdent force et
cueur quand ilz voyent leur sang. Ce qui leur est
caché ou du moins la plus grande partie par la
couleur rouge, laquelle pour ceste raison est plus
propre et nécessaire aux Italliens qu'à quelque
nation de ce monde.

FIN DU PREMIER LIURE.

LE SECOND LIVRE

L'AUTHEUR

Il reste qve briefuement ie déclare et mette par escript de quelles loix, coustumes et droictz doibuent vser enuers leurs souldars délinquans, tant en temps de paix que en temps de guerre, les coronalz, les capitaines et lieutenans d'iceulx. Qu'il est besoing sçauoir, pource que sans humaine iustice et équité, non seulement les gros exercites, les royaulmes et prouinces, mais aussi les petites maisons et toute autre manière de choses ne peuent longuement demeurer en estre, tant est grande et immense la force et puissance sur la terre de iustice et équité. Ce ne sera doncques sans cause, si (après auoir parlé de la manière de guerroyer) ie metz par ordre briefuement ce que i'ay peu compiller, extirper et prendre des loix, que antiennement ont obseruées et gardées en leurs armées les Romains,

iadis chefz de tout le monde, non des leurs seulement; mais aussi de celles desquelles encores de
présent on vse à la pugnition des faultes et erreurs
commises entre les gens de guerre, affin que ceulx
qui auront congnoissance du mérite de leur pugnition ne cuydent que à tort leur soit faicte par leurs
capitaines. Et pourront congnoistre, par ce qui s'ensuyt, si l'on leur faict tort ou non.

DE CEULX QUI SE RENDENT PRISONNIERS A LEURS ENNEMYS.

S'il y a aucun d'une compaignie qui en vne
course, en vne escarmouche ou en vne bataille se
soit rendu prisonnier sans grande cause et vrgente
nécessité, de tant plus qu'il seroit constitué en
haulte dignité, de tant plus le doibt faire pugnir son
capitaine. Et ne luy sera adioincte la pugnition sans
mérite, pourtant que ses compaignons prennent
exemple à luy, et qu'ilz n'ayent occasion (deuant
que auoir essayé la fortune de la guerre) pour
paour des coups ou des blesseures, leur rendre.

D'VNG QUI SE CASSE EN TEMPS DE GUERRE SANS CAUSE LÉGITIME, OU QUI HABANDONNE SA COMPAGNIE.

Vng qui laisse sa bande ou compaignie se doibt
pugnir par sa bource, ou bien par mutation de
degré, come s'il estoit gendarme il sera archer,
ou bien par bannissement, affin qu'il soit manifeste
exemple aux autres pourtant que par tel habandon-
nement ou casseure ne se peult ensuyure que dommage et honte.

D'UNE ESPIE.

L'espie· qui par les prières de tes ennemys sera retardé de exécuter sa charge, ou bien qui habandonnera le lieu auquel il auroit esté mis par son capitaine, qu'il ayt la teste trenchée, pource que le salut ou dommage d'vne armée souuentesfois despend du faict d'une espie, parquoy, s'il fault, il est plus à pugnir qu'vng autre.

D'VNG SOULDARD QUI HABANDONNE LE LIEU OU IL AURA ESTÉ MIS PAR SON CAPITAINE.

Vng souldart qui laissera le lieu ou la place en laquelle son capitaine l'aura mis, ou par craincte ou par pusillanimité, ou par gloire, qu'il soit banny de la compagnie, et si par fraulde et mal engin il le faict, qu'il ayt la teste couppée.

DE CEULX QUI S'ENFUYENT D'UNE PARTIE EN L'AUTRE.

Celluy qui s'enfuyra de ta bande en la compagnie et en la part des tes ennemys (si après par fascherie ou pénitence de son malfaict il s'en retourne deuers toy) soit pendu; ou, s'il se treuue quelcun qui soit pressé de s'enfuyr, qu'il ayt la teste trenchée. Ceste pugnition non pas sans cause a esté auiourdhuy inuentée pour noz gens de guerre, toutefois qu'on en vsa autrement le temps passé.

DE CEULX QUI PERDENT LEURS ARMES OU LEURS CHEUAULX EN LA GUERRE.

Celluy qui laschement en la guerre aura perdu ses armes, ou icelles aliénées et mises hors de sa possession meschamment, qu'il soit changé de bande, c'est que, s'il est ou gendarme ou archer, qu'il soit mis au nombre des gens de pied, et celluy qui desrobera les armes de son compaignon, qu'il soit chassé du camp ou de sa bande.

DE CEULX QUI FONT LE CONTRAIRE DE CE QUI LEUR EST COMMANDÉ PAR LEUR CAPITAINE, OU QUI NE GARDENT PAS SON COMMANDEMENT.

Celluy qui aura faict vne chose deffendue par son capitaine ou qui n'aura pas gardé son commandement, encores qu'il ayt très bien faict en ce faisant, que il ayt la teste couppée. Ou bien, s'il s'en trouue aucun qui, sans cause et nécessité vrgente de ses ennemys, passe par-dessus les murs, rampars ou forteresse du camp ou d'vne ville, pareillement ayt la teste couppée. Et s'il passe par les fosséz et trenchées, qu'il soit osté des ordonnances ou des bandes.

DES QUERELLEUX.

Celluy qui esmouuera ou causera quelque grande séduction et trouble en vng camp ayt la teste trenchée : toutesfois si noyse se sourt pour l'occasion de quelque légièreté, et sans totalement grande coulpe de celluy par qui sera esmeue, celluy qui ne est cause soit mis hors et priué des ordonnances.

D'UNE COMPAIGNIE QUI AURA FAILLY.

Si vne compaignie a failly à bien faire son debuoir, elle ne mérite et ne doibt auoir autre peine et dommage que d'estre cassée.

D'UNG BANNY.

Si vng banny a souffert estre mis et enroollé auecques ceulx qui suyuent les ordonnances, pour la dignité de la gendarmerie, qu'il ayt la teste couppée.

D'VNG COULPABLE DE MORT.

Si vng coulpable de mort, qui a mérité pour ses malfaictz mourir, si voluntairement il a souffert et qu'il se soit mis et faict enrooller au nombre des gens des ordonnances, qu'il ayt la teste trenchée.

DES ESSORILLÉZ.

Vng essorilléz, qui se trouue sans aureilles, pour l'honneur et honnesteté des armes ne doibt aucunement estre receu à exercer le mestier.

DES CONDAMNÉZ A MOURIR.

Ceulx qui par édict publicq et sentence de iuge ont esté condamnéz à mourir, pour l'infameté d'eulx, ne se doibuent iamais receuoir à la gendarmerie.

DE CEULX QUI SUBORNENT VNG HOMME DE GUERRE.

Celluy qui suborne vng filz de millier, c'est-à-dire vng homme de guerre, durant le temps d'icelle, en sorte qu'il habandonne les armes, doibt estre banny, et vne partie de ses biens confisquéz, et, si c'est en temps de paix, il doibt auoir le fouet.

QUI AURA MÉHENGNÉ [1] VNG FILZ DE GUERRE.

Qui aura blessé, débilité ou mehengné vng filz de guerre, c'est-à-dire vng souldart vieulx et ancien, sans cause, est digne d'estre banny.

DE CEULX QUI METTENT VIOLENTEMENT LA MAIN SUR LEUR CAPITAINE.

Qui aura mis violentement la main à son capitaine ou lieutenant d'icelluy doibt auoir la teste trenchée; car le crime et l'offence est creue par la dignité d'icelluy capitaine ou lieutenant.

DE CELLUY QUI S'ENFUYT.

Le premier d'une trouppe qui s'enfuyt à vne affaire, après l'affaire acheuée, doibt auoir la teste trenchée, pource que par telle fuyte peult estre faicte paour et craincte à ses compaignons, et à ses ennemys augmentation et croissance de courage, dont il pourroit aduenir que par tel fuyant se pourroit perdre et deffaire vne bien grande armée.

1. *Blessé gravement.*

(¹) DES ESPIES.

Vne espie qui le secret de sa partie déclaire à ses ennemys, est trahistre. A ceste cause, doibt auoir la teste trenchée, comme ceulx aussi qui pour paour qu'ilz ont de leurs ennemys, font semblant d'estre bien malades. Et doibt-on tenir pour espies et trahistres tous ceulx qui seront trouuéz en vng camp sans maistre ou adueu, où l'on ne doibt souf-frir homme de quelque estat qu'il soit, sans estre aduoué, pour les inconuéniens qui en peuent aduenir.

DE CELLUY QUI BLESSE SON COMPAIGNON.

Celluy qui aura blessé son compaignon, de quelque ferrement que ce soit, qu'il ayt la teste trenchée, et si c'est d'une pierre, qu'il soit cassé, affin que par telles follies et querelles ne s'engendre grande sédition et tumulte entre les bandes. A ceste cause, s'il y a quelque mutin et querelleux en·vne trouppe ou compaignie, qu'il soit cassé et mis hors d'icelle; car c'est vne peste trop plus dangereuse que quelque chose de ce monde.

DE CEULX QUI S'ENFUYENT D'UNG COSTÉ A L'AUTRE, ET DES TRAHISTRES.

Les trahistres et ceulx qui laissent vng camp pour aller en celluy des ennemys, s'ilz sont prins, deuant que leur trencher la teste (qu'ilz méritent), il leur fault donner la gesne ¹, affin qu'ilz con-

1. *La torture.*

(1) 10ᵉ feuille (pages 145 à 160) du *Guidon des gens de guerre.* — Cette partie formera volume.

gnoissent et déclarent s'ilz ont point de compaignons.

EN QUEL LIEU EST DEFFENDU AUX SOULDARS D'ACHEPTER.

Les souldars sont prohibéz totallement de faire aucune marchandise ès lieux où ilz militent : c'est à sçauoir au camp de l'armée. Pourtant que, s'il leur estoit donné puissance d'achepter en tous lieux, ilz vouldroient aucunesfois forcer les marchans qui voulussent apporter des viures au camp, et aussi que iceulx souldars se pourroient plus arrester aux marchandises que au traictement des armes.

DU GUET QU'ON DOIBT FAIRE DE NUICT.

Ceulx qui sont constituéz et assis pour faire le guet, s'ilz vont ou qu'ilz se retirent sans congé de leur corporal ou de celluy qui les aura assis, soient pugniz par auoir la teste trenchée, et non sans mérite leur est ordonnée telle pugnition : quand non pas seulement les capitaines, mais aussi tous les souldars reposent soubz leur garde, par faulte de laquelle toute vne armée lassée des labeurs du iour pourroit aisément tomber et estre mise entre les mains des ennemys, qui seroit chose qui n'auroit en cruaulté sa pareille. Pareillement, quand le guet est assis, soit en ville ou campaigne, ne doibt aucun de quelque estat qu'il soit sortir, entrer la ville ou le camp, y aller, venir ou se pourmener sur peine d'estre tué comme trahistre par les gardes et gens faisant le guet, sinon ceulx qui seroient com-

mis à faire la ronde et qui auroient le mot du lieutenant du roy ou coronal de la dicte armée.

DE CEULX QUI S'EN VONT DE L'ARMÉE, SANS LE CONGÉ DE LEUR CAPITAINE.

Celluy qui s'en va et qui est contrainct de suyure
son père et qui part de l'armée et de sa compaignie
sans le congé de son capitaine, ne doibt estre pugny
par mort; mais doibt auoir quelque peine plus
doulce, et moindre, si par son père il a ce faict.
Autrement, il seroit digne d'auoir la teste trenchée,
ou d'estre pugny ainsi que i'ay dit dessus au cha-
pitre : qui s'en vont sans le congé de leurs capitaines.

DU TEMPS DONNÉ PAR LE CAPITAINE.

Qvi ne retourne dont il a esté ennoyé par son
capitaine, ou il est allé pour luymesmes par congé,
dedans le temps à luy donné de retourner par son
dit capitaine, doibt estre mis au nombre des deffail-
lans et de ceulx qui s'en vont sans congé, au moins
s'il ne monstre iuste cause de son séiour et
absence.

DE CEULX QUI EMPESCHENT LA PAIX.

L'homme de guerre qui empesche et garde que la
paix ne se face, mérite auoir la teste trenchée
comme trahistre.

DE CEULX QUI VONT DESCOUURIR, OU QUI CHEMINENT.

Les souldars qui, impourueuement et sans y penser, sont surprins par leurs ennemys en allant les descouurir ou autrement, après auoir regardé leur estat et leur bonne manière de viure, soient pardonnéz.

DE CEULZ QUI SORTENT DE L'ARMÉE OU QUI PASSENT ET TRANSGRESSENT LEUR ORDRE.

Ceulx qui passent et transgressent leur ordre en vne bataille ou qui sans congé s'aduancent trop, ayent le fouet, ou bien qu'ilz soient contrainctz muer leur ordonnance : c'est qu'ilz soient faictz de géndarmes archers, et d'archers gens de pied.

D'UNG PRISONNIER.

Si vng qui sera prisonnier ne retourne quand il a le loysir, ou qu'il luy est permis, il sera mis au nombre des fugitifz et pugny comme eulx, s'il est prins ; et, s'il retourne, qu'il soit receu en son premier estat, s'on treuue qu'il soit bien sorty et eschappé des mains de son maistre et non pas qu'il s'en soit fuy.

DE CEULX QUI HABANDONNENT LEUR CAPITAINE.

Celluy qui n'a point gardé son capitaine, quand il a peu, ou qui l'a laissé en vne grande affaire entre ses ennemys, soit pendu.

QU'IL EST BON EN VNE ARMÉE AUOIR DES GENS DE CHEUAL HARQUEBOUSIERS.

En vne armée, il ne sera point inutile de acoustumer les cheuaulx d'aucunes gens de cheual (ainsi que font les Allemans) à endurer leur cheuaucheur porter et tyrer d'une hacquebute, ou harquebouse, affin qu'en vne affaire ilz n'ayent paour d'ouyr telz sons. Car il n'est en vng camp ou exercite homme de guerre (quel qu'il soit) qui vaille celluy qui sera ainsi chargé de feu et de boulletz à cheual. Pource que nul des ennemys ne sçauroit estre si bien armé ou équipé, qu'il soit asseuré contre le coup d'ung hacquebutier, ou harquebousier, tant est grande la violence de telz instrumentz plustost diaboliques que belliques. Et voluntiers par telles gens si on peut venir à ce que nous appellons impression, c'est assauoir au combat de main à main, sont deffaictz les ennemys, qui n'ont acoustumé telle façon de combatre. Et or que les ennemys y fussent acoustuméz, si demoureroit la victoire aux plus asseuréz; toutesfois fault regarder que lesditz harquebousiers à cheual soient très-bien montéz, affin que s'il aduenoit qu'ilz se meslassent auecques les gens de cheual de leurs ennemys, ilz se peussent combatre auecques aussi grande aduantage qu'eulx : et pour ce faire, ie veulx qu'ilz soient arméz d'amines, corsetz ou hallecretz, auecques manche de maille en lieu d'auant-bras, auecques morrions, cabassetz ou autre habillement de teste à la légière, ayans masse à l'arçon de la selle, de laquelle ilz puissent combatre, s'il vient au besoing.

DES CANONS ET AUTRES PIÈCES D'ARTILLERIE.

Il sera merueilleusement vtile en vne armée auoir dessus des charettes grand nombre de pièces d'artillerie. Car tant grand ne sçauroit estre l'exercite de tes ennemys, et tant puissant, que par icelles plus qu'on ne sçauroit dire ne soit esmeu, perturbé et fait crainctif, pource que de bien loing, et les gendarmes et les cheuaulx en sont abattuz, confonduz et fouldroyéz. Et en ceste sorte, nul près ou loing n'est asseuré du coup d'icelles.

DE LA MUNITION D'UNG CAMP.

Vne grande munition et sauuegarde d'ung camp est de mener en icelluy grosse multitude de larges chariotz ferréz et d'autres instruments de boys, qui soient propices et conuenables pour porter aucunes tours de boys; lesquelles emplir de hacquebutes à croq sera très-fort vtile, pour faire dommage à tes ennemys. Car pour la haulteur d'eulx tout ce qui sera au deuant sera abatu et prosterné. Aussi c'est vne garde pour vne armée légièrement faicte.

QU'IL FAULT RENDRE GRACE A NOSTRE SEIGNEUR APRÈS AUOIR EU VICTOIRE.

A celle fin que ie ne parachèue ce liure sans dire ce qui appartient à nostre Seigneur en vne guerre, il fault qu'ung capitaine ne soit ignorant qu'après auoir eu et obtenu victoire de ses ennemys, il doibt auec toute son armée rendre grâce à nostre Seigneur et le remercyer, affin qu'au temps aduenir il soit aydant à luy et aux siens ès batailles et ailleurs. Pource que, sans l'ayde et secours de Dieu, les puissances humaines sont nulles. Et si Dieu nous regarde et qu'il soit pour nous, quelles espées de noz ennemys nous pourront molester? Incontineut donques vng déuot et sage capitaine après la bataille, auecques tous ses gens doibt remercyer Dieu, auecques dons et oblations à sa maiesté, dont on l'apaise merueilleusement; et contrainct de donner aux hommes ce que leur est propice et conuenable.

S'IL EST PERMIS AUX CHRESTIENS DE FAIRE GUERRE.

Par aduenture qu'entre ceulx qui liront ce présent liure mien inculte et peu sçauant en l'affaire dont il traicte, pourroit se engendrer vne question et manière de doubte, à sçauoir si aux Chrestiens est permis faire guerre, pource qu'en icelle y a tant de homicides, tant de subuersions et ruynes de citéz, tant de captiuitéz de hommes et efforcemens de filles, rauissemens de veufues et tant de autres innumérables crimes et offenses, qu'il n'est possible d'en faire aucun récit, qui soit assez suffisant. Lesquelz maulx leur sont prohibéz et deffenduz en leur loy; mais, pour les oster de scrupule, doubte et ambiguité, il fault sçauoir briefuement que faire guerre, ce n'est péché : ains au contraire qui milite et exerce le faict des armes plaist merueilleusement à Dieu, facteur et créateur de toutes choses. Ce que clèrement appert et est manifeste par la beatitude

et exercice militaire de sainct Georges et de Dauid,
prophète, qui furent tant aggréables à Dieu et plus
que nulz autres acceptables, et aussi par le centu-
rion hierosolimite. Ie laisse les tesmoignages dudit
sainct et des autres, qui afferment que militer, ce
n'est pas mal faict. Que fault-il dire de la sentence
infallible de Christ, lequel commanda que les tributz appartenans à César luy fussent renduz, affin
que d'iceulx il payast ses gens de guerre, et en les
payant qu'il s'en seruist en la guerre, pour tenir le
monde en paix et transquilité, laquelle paix Dieu
plus que meilleur et plus que grand, nous a laissée
en terre, pour vng magnifique et louable ioyau et
précieux don. A ceste cause, despriserons-nous les
mondaines armes, qui nous causent de si grand bien?
Certes nenny. Mais dirons que c'est le plus plaisant
acte qui se puisse exercer ou faire, selon le vueil
de Dieu. Mais que ce soit à intention que par guerre
paix aduienne, et aussi qu'en l'exerceant les gens
de guerre se contentent de leurs salaires et estat, et
ne demandent d'auantage à leur seigneur que ce
qu'il leur est donné, qui est suffisant à icelle maintenir, sans faire tort ny moleste à personne qui viue,
sans piller et manger le bonhomme, comme font
auiourd'huy presque tous les gens de guerre, qui
ne se contentent pas de viure seulement, mais aussi
ransonnent et contraignent les pauures gens, par
batteries, naureures et tormens, de leur donner de
l'argent au partir de leurs maisons; qui est chose
desplaisante à Dieu, et digne d'estre pugnie, comme
chose inique, meschante et abhominable. Or doncques, et à celle fin que iceulx gens de guerre puis-

sent, auecques gloire et honneur et le salut de leurs âmes, exercer les armes, il est besoing que ilz ayent les qualitéz et vertus qui s'enfuyent. Deuant toutes choses, il fault que celluy qui vouldra suyure les armes soit séculier, puissant de corps et magnanime de cueur, qui pour garder son pays seulement, et pour acquérir paix, combate courageusement ses ennemys, qui ayt suiuy·et hâté les armes, exercites et les bandes ieune, et qu'il soit expert à conduyre, mener et picquer cheuaulx, porter et bien manier vne lance, s'acoustrer et mettre à poinct d'ung harnoys, qui soit abstinent tant en boire qu'en manger, prompt et habille à faire et exécuter ce qu'il luy sera commandé par son capitaine, loyal et plain de bonne foy, prudent, sage, miséricordieux, doulx et begnin, espérant et se confiant en l'ayde et en la miséricorde de Dieu, nostre Seigneur. Toutes lesquelles vertus si vng souldard a, il n'y a rien en luy qui se doibue reprendre ou redarguer; ains peult complaire à Dieu et au monde. Le bon souldard, s'il est homme de cheual, doibt pareillement porter la liurée de son capitaine pour estre recongneu de ses compaignons, et dessus son hocqueton ou robe de liurée l'enseigne ou marque du party qu'il tient; c'est à sçauoir que, s'il est françoys, qu'il porte la croix blanche deuant, derrière et de toutes pars cousue dessus son acoustrement; et ainsi des autres. En quoy faillent les Italiens sur toutes les nations du monde; car eulx seulz portent seulement le signal au dos, et non ailleurs, ce qui ne se deburoit souffrir par le prince qu'ilz seruent, pour les meschancetéz qui si peuent faire, et les inconuéniens qui en peuent aduenir. Car toute personne qui prend argeut doibt auoir et porter le signal du prince qu'il sert, non derrière seulement, mais deuant, dessus, dessoubtz et de tous costéz, et encores si bien cousu, qu'il ne se puisse aysément descoudre. Et pourtant que les gens de pied qui vont arméz aux factions n'ont la commodité de ce faire par fault de hocquetons dont ilz ne vsent, comme gens de cheual, il fault qu'ilz ayent des escharpes larges et plantureuses, qui seront attachées à leurs corseletz, amines ou chemises de maille, sur lesquelles sera cousu ledit signal, ainsi que dessus. Et où il s'en trouueroit quelque vng qui ne le auroit, il le fauldroit pugnir comme trahistre ou espies, sans auoir esgard à quelque congnoissance que il pourroit alléguer. Autrement l'ennemy se pourroit mesler auecques toy, sans estre congneu, et par ce moyen, entendre tes délibérations et entreprinses, dont tu te doibs principalement garder.

CEULX QUI VONT A LA GUERRE NE DOIBUENT AUECQUES EULX RIEN
PORTER DE PRÉCIEUX, SOIT HABILLEMENS OU AUTRE CHOSE.

Qvand nous allons à la guerre, nous ne deuons riens porter et mener auecques nous, fors noz armes et noz cheuaulx, mais toutes besongnes précieuses, comme bagues, habillemens, chaînes, or et argent laisser en noz maisons. Et encores que ce fust en villes, que nous allissions pour la deffence d'icelles, à celle fin que noz ennemys pour l'espérance et cupidité de gaigner et auoir nostre despouille, ne

se rendent plus fors et plus courageux. Ce qu'il
aduient souuent, car c'est vne chose presque commune et naturelle à tout le monde, que là où on
scet gaing et proffit, qu'on n'estime la peine guières
grande, et là où sont les richesses pour en auoir,
nul ne refuse le péril. Il est doncques de nécessité
aux gens de guerre laisser leurs velours et leur soye
en leurs maisons, ainsi que i'ay dit dessus, affin
que nous ne contraignons noz ennemyz à nous deffaire, et que nous ne croissons et augmentons leurs
courages, qui pourroient estre, sans l'espérance- de
gaigner, timides, crainctifz et paoureux.

SI NOUS VOULONS INFESTER ET GASTER LES EAUES DE NOZ ENNEMYS.

Si nous voulons gaster, infester, intoxicquer et
empoisonner les eaues de noz ennemys, il ne sera
point mauuais ietter en la partie haúlte de la riuière,
au-dessus du cámp ou de la ville d'iceulx, grande
quantité de glasti contusi; c'est vne drogue qui se
trouue chez les apoticaires. Et par ce moyen leur
eaue sera amère, en sorte que les hommes et bestes
n'en sçauront boire.

EN QUEL LIEU VNE BATAILLE SE DOIBT FAIRE.

Principalement regarde vng capitaine qu'au lieu
où il veult donner la bataille à ses ennemys, qu'il
mette (s'il luy est possible) l'eaue au dos de son
armée, par le refreschissement de laquelle les
cheuaulx las se puissent refreschir et reprendre

uigueur. Et qu'il mette toute diligence que ses ennemys en ayent faulte. Car par la prolongation de tems les cheuaulx de ses ennemys se feront las et foibles, par la faulte d'eaue, dont ilz auront nécessité. Et par ce moyen facilement obtiendra et aura victoire.

QU'IL FAIT BON AUOIR MUNITION DE ARCHIERS AUECQUES ARCZ ET FLESCHES EN VNE ARMÉE.

Il est merueilleusement proffitable auoir en vne armée grand nombre de gens de pied, auecques arcz et flesches, ainsi que les Angloys ont acoustumé, pource que aux coups de leurs flesches il est merueilleusement difficile de se garder et deffendre, quelque pauois ou rondelles que on aye; et aussi qu'ung cheual est plus empesché d'une blesseure de flesche, que d'autre traict à feu.

DE L'ASSAILLIR FAIT LÉGIÈREMENT.

Si les gens de cheual en vne rencontre de mille pas, et les gens de pied par cinq cens pas viennent courans contre nous, par soubdaineté et chaleur qui est en eulx, pour nous rencontrer, il ne nous fault bouger aucunement; mais les fault attendre pied coy, et vigoreusement les receuoir presque hors d'alaine, et les batre et abatre vaillamment. Ce que nous pourrons faire sans grande peine, pour ce qu'ilz seront las, hors d'alaine, et trauailléz de leur courir long et prolise.

DE PRÉUENIR SES ENNEMYS AU CHEMIN.

Si nous pouons entendre quelle part tyrent noz ennemys, ce ne sera pas mal faict de faire marcher soubdainement nostre armée au lieu où nous aurons esté auertyz qu'ilz passeront, affin que là nous choysissions le lieu qui sera le plus à nostre aduantage, et que y mettions embusches pour les combatre et deffaire : et eulx venuz, les assaillir de toute nostre force, qui, impourueux et ne leur donnans garde de nostre attente et aguet, seront facilement estonnéz et chasséz.

QVAND ON COMBAT EN LIEUX ESTROICTZ.

Si en quelque lieu estroict tu rencontres tes ennemys, et que là il te faille les combatre, et que chascune des deux armées s'efforce courageusement de garder son lieu ià occupé et prins sans fleschir le pied, ou si, ou là, ie te conseille que ce pendant que les vngs combatront et qu'ilz amuseront tes ennemys, que priuse vne partie des compaignons de ton armée, faignant la mener plus loing, tu donnes par derrière viuement en tes ennemys, lesquelz, assailliz deuant et derrière, n'auront puissance de résister ny de fuyr.

QUE TROP GRAND CONFIANCE EN LA GUERRE SE DOIBT FUYR.

S'il nous est donné faculté de combatre vne partie de noz ennemyz auecques toute nostre puissance, nous ne deuons point (follement nous fiant en nostre force et quantité de gens) refuser ny différer à les combatre, quelque espérance que nous ayons encores d'estre assez fors pour les bien batre et surmonter tous ensemble, affin que nous ne mettions en doubte ce qui nous seroit clairement congneu : c'est à sçauoir, que la partie (ainsi auecques l'occasion surprinse) seroit facilement deffaicte; et doubteux de gaigner et vaincre icelle rassemblée et ioincte auecques son troncq. Ce que ne debuons attendre, si à part nous la pouons deffaire; car tant plus de morts, et moins d'ennemys.

QU'UNG CAPITAINE DOIBT COMMANDER QUE NUL NE PRENNE A RANSON SON ENNEMY, DEUANT QU'IL DONNE LE SIGNE.

Si as enuie d'auoir certaine victoire de tes ennemys, tu doibs faire commandement à tous tes souldars sur peine bien grande, qu'il n'y ayt nul de eulx qui prenne et reçoiue à mercy ou ranson aucun de ses ennemys, iusques à ce que le signe pour ce faire soit par toy donné; et ne sera sans cause que tel commandement se fera, pource que aucuns de tes souldars à prendre prisonniers ne perdra son temps, mais plus tost s'efforceront tous mettre leurs ennemys en fuyte, iceulx prosterner et occire, affin que tost et légièrement ilz puissent auoir promis par toy.

QU'IL NE FAULT HABANDONNER LE LIEU OU LE CAPITAINE TE MET.

Beaucoup de bons souldars et autres qui cuident estre plus sages et mieulx enguerroyéz que leur

chef ou capitaine, ou pour espérance de gaigner et
auoir honneur, habandonnent le lieu, la place et le
quartier, ouquel par icelluy sont mis, qui est la
cause que souuent de bien grandes armées sont
mises en ruyne. A ceste cause, il fault nécessairement que pour mort et pour vie iceulx souldars
obeyssent du tout en tout à leurs capitaines et aux
commandemens par iceulx faictz, sans plus sçauoir
qu'il n'est de besoing. Et qui autrement le fera,
doibt estre pugny par mort, encores qu'il eust bien
faict. Comme il fut iadis plus cruellement que ius-
tement pratiqué par Manlius Torquatus, consul
Romain, qui ayant guerre aux Latins, feist vng
édict et commandement, que sur peine de mort
aucun ne présumast combatre hors de son ordre et
lieu. Or aduint que Genutius Metius, capitaine de
la gendarmerie Tusculane, prouoca par parolles et
appela le seul filz dudit Manlius, qui pour n'estre
veu lasche, contre le commandement de son père
combatit ledit Genutius Metius et le tua. Néant-
moins son père luy fist coupper la teste, pource que
contre son édict il auoit combatu hors son ordre.

QU'IL NE FAULT LAISSER LES TENTES SANS GARDE.

Qvand tu sortiras de ton fort pour donner le
combat à tes ennemys, souuienne toy de ne laisser
icelluy sans gardes, affin que ce pendant que toute
ton armée seroit empeschée ou combat, que tes
tentes, ton fort et tout ton bagage ne fust prins et
rauy par aucune partie de tes aduersaires, ou bien
par eulx brusléz et mis en cendres, qui te seroit

cause puis après de ne sçauoir lieu où que tu te peusses retirer à saulueté, ou au couuert.

QU'IL NE FAULT VNE ARMÉE PRÈS L'AUTRE ESTRE SANS ARMES.

S'il aduient que le camp de tes ennemys soit près du tien, tu ne doibs pour quelque promesse qu'ilz te facent, ou par quelzconques trefues que tu ayes auec eulx, permettre ton camp du tout estre sans armes; mais tu doibs tenir tousiours partie de tes gens en armes, qui diligemment, et de iour et de nuict, gardent ton camp. Car souuent au temps de paix et de trefues, les armées pleines de trop grande confiance enuers ennemys sont chassées et deffaictes, et ceulx que par vertu bellicque ne se eussent peu auoir, par fraulds et trahisons facilement se surmontent.

DE FAIRE VNG PONT DE CORDES.

On a coustumé, pour faire passer les riuières à vne armée, faire des ponts de boys, pour ce qu'elle ne pourroit passer sans grand naufrage ou perte auec des basteaulx, dont le plus souuent on a deffault. Or, pour autant que plusieurs fois aduient que pour faire et construyre iceulx ponts de boys la matière fault, et aussi que pour la longue demeure que pourroit faire ladicte armée à attendre la fin et consummation d'ung tel courage, dont il pourroit ensuyure dommage en icelle bien grand, le conseil est que par la multitude de grosses cordes et longues se face vng pont, et d'une part et de l'autre de la riuière, soient mises et fichées de part et

¹ d'autre deux grans moulles d'arbres, affin que le
fons du pont soit plus ferme et de plus grande
seureté à ceulx qui passeront. Ainsi le passer sera
facile et diligent. Auec ce l'armée pourra tousiours
auoir et porter telle manière de pont, affin que la
diligence du chemin qu'on vouldra faire, soit plus
vistement exécutée. Et est vne inuention merueilleusement bonne pour abréger chemin.

DE LA MANIÈRE D'OSTER SON ARMÉE D'UNG LIEU QUI N'EST PROFITTABLE A ICELLE.

Les frais, despenses et dommages sont plus
grands à vne armée en vng lieu qu'en l'autre. A
ceste cause, si tu as congnoissance que la demeure
en vng lieu te soit dommageable et périlleuse, tu te
doibs retirer autre part en donnant assault aux
villes, bruslant les villages, despouillant et gastant
les champs de tes ennemys. Et d'auantage tu doibs
tousiours le plus qu'il te sera possible mettre toute
diligence, en ce cas que tu contraignes plustost tes
ennemys à te suyure que eulx toy. Toutesfois, il
ne fault que, par trop grande enuie de gaster les
biens d'autruy, tu habandonnes et délaisses les
tiens désers, sans émolument et proffit.

COMMENT IL EST BESOING DE FAIRE EN VNE VILLE, SI TU AS BESOING D'EAUE.

Si d'auenture tu es assiégé en vne ville, en
laquelle soit pénurie et deffaillance d'eaue, le conseil te sera bon, après en auoir ietté et mis hors la
multitude de gens que tu cuyderas ne te sçauoir

11

seruir à la tuition et deffense d'icelle, que tu faces tuer et meudrir [1] toutes les bestes qui seront en ta puissance, lesquelles tu feras très-bien saller, pour subuenir à la faim de toy et des tiens, affin que l'eaue qu'elles pourroient boire soit sauluée et gardée pour ton besoing. Et en ceste sorte tu pourras longuement soustenir l'obsidion et siège de tes ennemys.

QU'IL FAULT LE PLUS QUE L'ON PEULT TASCHER A RECOUURER
SES VILLES PERDUES.

Si au temps d'esté, par trop plus grande multitude de tes ennemys que la tienne ou par aucune trahyson, tu as perdu quelques villes ou chasteaulx qui estoient à toy, tu doibs au temps d'hyuer mettre tout soing, toute peine et diligence de les recouurer et mettre en ta possession, ce pendant que tes ennemys se sont retiréz pour hyuerner en leurs maisons, affin que ce que tu n'as peu garder en esté, ou par deffaillance de gens ou par la couardise d'iceulx, au temps hyuernal, par plus grand nombre et prouesse des tiens, tu sois remis en ce qui t'appartient. Et par le recouurement de telles villes perdues, tu puisses acquérir pris, honneur et renommée de magnanimité, ou du moins que tu ne tumbes à honte et renom de lascheté.

QU'IL FAULT BRUSLER LE FORT ET LES TENTES DE SES ENNEMYS,
S'IL EST POSSIBLE.

Si les tentes ou le fort de tes ennemys est fait

1. *Amoindrir.*

de choses seiches et combustibles, tu doibs mettre
du tout trauail et solicitude, qu'il soit bruslé et mis
en feu par aucun de tes gens les plus idoines et
conuenables à cela, et principalement quand le vent
est grand. Car par ce moyen, de leurs bestes et de
ce qui appartiendra à leur viure ils seront spoliéz et
priuéz, pour ce que le vent agitera et chassera la
flamme par tout ceste matière seiche, qui en petit
de temps sera bruslée, arse et consommée. Et lors
te sera grandé occasion (ce pendant que tes ennemys seront occupéz à estaindre telle arsure) d'enua-
hir et assaillir iceulx et de les deffaire, pource
qu'eulx en doubte sçauront assez mauuaisement
auquel ilz deburont plus tost courir ou au feu ou
à leurs ennemys. Perte et arsure d'ung costé les
tiendra, et craincte et paour d'autre part les assaul-
dra, parquoy facilement seront tous prins ou tous
desconfitz.

QU'IL FAULT FAIRE, QUAND IL EST PRESQUE IMPOSSIBLE DE FUYR
ET ESCHAPPER LE LIEU OU NOUS SERONS.

Il aduient souuent que contre nostre espérance
nous venons et tombons en vng lieu, auquel nous
ne pouons pas bien sortir ou y estre longuement,
sans grande perte et dommage de noz gens. Doncq-
ques en telle perplexité et anxiété, qu'il nous seroit
bon de faire diligemment fault entendre et nous en
enquérir. Touteffois, après auoir longuement cher-
ché, ie ne trouue meilleur chemin pour en eschapper que de prendre et auoir trefues auecques noz
ennemys, pendant lesquelles, par de noz gens les

plus fins et cauteleux, leur donneras espérance de paix ; attendans laquelle que en leur armée toutes choses se feront plus négligemment que de coustume, et moins se garderont et tiendront sur leurs gardes que s'ilz n'espéroient que la guerre. Parquoy lorsque tu verras que tu te pourras licitement oster, ou de nuict ou de iour, de ce lieu là difficile et à toy mauuais, tu doibs mettre toute diligence à t'en oster et le plus soubdainement qu'il te sera possible, et quelquefois, s'il est bon que ainsi se face, tu doibs vaillamment assaillir tes ennemys pour eschapper de si grand péril.

AFFIN QUE NOSTRE GENDARMERIE SE MONSTRE DE PLUS GRAND NOMBRE QU'ELLE N'EST.

Affin que nous persuadions à noz ennemys que nous auons plus grand nombre de gens d'armes que nous n'auons, il fault que les varletz et les pages de nostre gendarmerie nous fassions très-bien arméz, monter sur noz cheuaulx et tenir lances en leurs mains toutes droictes, et d'iceulx faire noz bandes assez loing toutesfois de tes ennemys, lesquelz cuyderont à les veoir ainsi de loing que ce soient tous bons gendarmes, et par ce moyen ilz pourront auoir craincte de nous assaillir; d'autant qu'ilz verront encores tant de gens en nostre aide et tant de bandes si entières, qu'ilz auront cuidé auparauant estre presque toutes deffaictes.

QU'IL SE FAULT GARDER DE TENIR LONGUEMENT SIÈGE DEUANT VNE VILLE A LAQUELLE ON NE PEULT EMPESCHER SECOURS.

Il fault totalement se désister de tenir siège

deuant vne ville ou chasteau, à laquelle de iour en iour maulgré nous on peult enuoyer ayde, viures et mettre gens; car par telles munitions et entrées de gens fraiz l'expugnation en seroit merueilleusement difficile. Mesmes il est presque impossible de prendre et mettre en sa subiection telles villes ou chasteaulx, pource que pour les blécéz de iour en iour elles pourront auoir des sains et entiers hommes à leur ayde et secours, pour les morts des viuans, en lieu de pénurie, habondance de viures et de munitions; parquoy nous fauldroit incessamment combatre contre gens fraiz, sains et bien nourriz, qui nous seroit chose merueilleusement de grosse encombre. Touteffois nous ne desprisons pas que enuers icelles villes nous ne vsions aucunesfois d'assaulx et de sièges; mais il fault que cela se face le plus vigoreusement et soubdainement qu'il nous sera possible, sans s'arrester longuement et tenir siège deuant elles; aùtrement ce seroit honte pour nous, et honneur pour noz ennemys.

QVAND TU VEULX ASSAILLIR PAR GUERRE QUELQUE PAYS
DIFFICILE A AUOIR.

Si tu veulx assaillir et mettre soubz ta main quelque pays malaisé, pourtant que l'oppugnation de toutes ou de plusieurs villes et chasteaulx est de très-grand peine et difficulté merueilleuse, tu doibs par gens de grand auctorité et de bonne renommée faire promettre à icelles villes et chasteaulx la rémission et quittance entière de tous et chascuns les tributz, tailles, impositions ou autres charges

que ce soit qu'elles auroient acoustuméz de payer,
laquelle promesse tu iureras tenir à iamais stable
et permanente, s'ilz se rendent et mettent de bonne
volunté et sans contraincte en ta mercy et soubz ta
main; car il n'est riens plus agréable à vng peuple
que d'estre en liberté, et ne payer riens de toutes
telles manières de tailles.

QU'IL FAULT FAIRE DES ESPIES DE TES ENNEMYS, S'ILZ TUMBENT ENTRE TES MAINS.

Si les espies de tes ennemys tumbent d'auenture
entre tes mains, il ne sera point mauuais aucunes
fois de leur faire quelques bons présens, et les laisser en aller et leur promettre que, si de là en auant
ilz veulent tant faire pour toy que de te déclarer le
secret de tes ennemys et leurs entreprinses, que tu
leur feras bonne récompense et satisfaction de leur
aduertissement. Car il n'est vne guerre riens plus
vtile, plus seur et plus nécessaire que de iour en
iour congnoistre et sçauoir le conseil et secret de
son ennemy, pource qu'en cela que nous aurons
préueu et sceu, il ne nous peult faire moleste,
au moins ou bien petit. Tant que tu pourras donc,
ayes ce soing et solicitude d'entendre, ouy toutes
les heures du iour, la délibération de tes ennemys, et
ne fais en cela aucune espargne d'or ou d'argent,
encores moins de promesses. Pour vray, si tu ren-
uoyes ainsi icelles espies sans faire aucune interro-
gation ou demande du faict de tes ennemys, ce leur
donnera grand signe de ta confiance, seureté et bon
cueur, qui sera vne chose qui les contristera et

espouentera terriblement. Toutesfois, en tout ce que
tu feras, prens ton conseil et du tems et de ton
affaire. En cecy messire Guillaume du Bellay, seigneur de Langei, très-expert et sçauant gentil
homme, a esté vigilant et n'y a iamais espargné son
bien, en quelques charges qu'il ayt esté mis par le
Roy, son maistre. Par ce moyen il a tousiours ou à
peu près sceu le conseil de ses ennemys. C'est
grande perte pour nostre république Françoyse
d'auoir perdu si tost vng si grand personnage de
sens et de bon sçauoir, libéral comme vng Alexandre,
sage comme vng Catho Censorinus, prudent comme
vng Iulius César, et sçauant comme vng Cicéron, qui
n'a iamais eu rien propre, mais tousiours préféré le
publicq à son particulier : chose rare et peu acous-
tumée au temps présent, ouquel entre les hommes
est perdue et du tout estaincte la charité éuangé-
lique, qui ne scet iamais ce qui est sien. Ie passe
ceste nostre infélicité pour reuenir à mon propos.

QU'IL NE SE FAULT POINT SEULEMENT AYDER D'UNE ESPIE.

Il fault que tu ayes souuenance de ne t'ayder et
seruir en la guerre seulement d'une espie. Car souuentesfois subornée et gaignée ou par promesses
ou par dons, il pourroit aduertir tes ennemys de
ton entreprinse et volunté, et ce que te seroit moins
nécessaire et exécutable, il te diroit au plus loing
de sa pensée. A ceste cause, il fault que tu mettes
peine d'en auoir quantité, encores qu'aucun d'eulx
ne congnoisse l'autre; car par ce moyen tu congnoistras la faulceté de l'ung par le rapport des

autres, laquelle congneue, l'espie faulx, trahistre et menteur le fault incontinent misérablement faire pendre.

POUR CONGNOISTRE SI TES ENNEMYS ONT PAOUR.

Qvand tu seras tant approché en vng assault ou en vne escarmouche ou en vne bataille de tes ennemys, que tu les pourras aisément choysir à l'œil, si tu voys leur bois, lances, picques ou hallebardes se frapper ensemble, ce te sera vng évident signe de leur paour et coniecture de leur fuyte aduenir, et te proffitera aucunesfois auoir l'intelligence de telle craincte.

POUR RECOUURER LA SANTÉ D'UNE ARMÉE INFESTÉE DE QUELQUE MALADIE.

Si tu désires recouurer la santé de ton armée infestée par peste ou autre mal contagieux et mortel, tu doibs icelle sans attendre la faire changer de place et d'air, et la mener ès lieux montueux où sont les plus haultes montaignes.

POUR ACQUÉRIR LA BIENUEILLANCE DE SES SOULDARS.

Le capitaine, s'il est diligent et qu'il soit soliciteux à visiter et faire guérir diligemment ses gens vulnéréz et blécéz en la guerre, pour vray en telle sorte il gaignera leur cueur et amytié, qu'ilz n'auront honte ny craincte, reuenuz en leur première santé, pour son honneur exposer et aduenturer leur propre vie.

DU FEU ARDANT EN L'EAUE.

En bataille de mer, il est très-vtile de composer
et faire vng feu artificiel pour brusler les nauires
de ses ennemys, et l'eaue mesmes, quelque habondance de humeur aquactique qu'ilz puissent ietter
dessus. En ceste manière feut bruslée, n'y a pas
long temps, vne nauire de Sarrazins près Constantinoble. Parquoy conuient au capitaine d'icelle
nauire, prins prisonnier, pour sa rançon payer tous
les ans à l'empereur de Constantinoble cent marcs
d'or.

QVAND LES CAPITAINES D'UNE ARMÉE SONT EN DIFFÉRENT A
QUELLES VILLES PREMIÈREMENT ILZ DEBUERONT DONNER L'AS-
SAULT.

Il aduient aucunesfois qu'il se engendre diuerses
sentences en vne armée pour l'oppugnation des prouinces et des villes d'icelles, et sont souuent les
capitaines différends en opinion. Car l'ung dit d'ung
et l'autre d'autre, principalement quand ilz sont
égaulx et semblables en auctorité et puissance. A
ceste cause, il est bon de sçauoir qu'il est de faire en
si grande variété d'opinions, pour satisfaire à la
volunté de chascun. Pour les mettre donc d'accord,
il fault que la chose soit finée par sort en ceste
manière. Il faut escripre le nom des prouinces ou
des villes en petits papiers ou billetz de boys, et
les ietter en vne cruche ou autre vaisseau, puis y
faire mettre la main par vng enfant, et le papier ou
billet de boys, auquel sera escript le nom d'une des

villes que l'enfant premier tirera dehors, que par
commun accord tous ensemble se retirent à surmonter ou assaillir icelle ville, ainsi escripte ou
choisie. Telle manière ne sera point mauuaise,
pourtant qu'il se pourroit ensuyuir par leur discord
et controuersité de grandes distions qui pourroient
estre dommageables et pernicieuses à toute l'armée.

QU'IL FAULT PRENDRE VENGEANCE D'UNE FOY ET PROMESSE VIOLÉE.

Combien que toutes iniures se doibuent oublier
et que ce soit le faict de vng homme de bon cueur
les mettre toutes au néant, touteffois l'iniure de
foy rompue et promesse violée se doibt pugnir
et venger indubitablement. Ce qu'ont tousiours
obserué les anciens Romains, empereurs de l'uniuersel monde.

LA MANIÈRE D'ASSAILLIR LES VILLES DE MER.

Ov que tu pourras faire approcher tes naufz ou
gallères des murs de la ville de mer, que tu vouldras prendre par assaulx, pour faire reculler et
oster les gens qui sont pour la tuition et desfense
d'icelle, tu doibs auprès des mastz faire lier ensemble,
de bons liens et fors, toutes tes nauires, et sur elles
faire composer des ponts de boys assez puissans,
dessoubz lesquelz tu doibs faire mettre tous tes
harquebosiers, affin qu'à coups de harquebouz ilz
chassent ceulx qui sont sur les murailles, et par ce
moyen tu puisses faire leuer tes eschelles le long
des murs, sans danger des deffendans, et consé-

quemment par ce lieu mesmes prendre d'assault
icelle dicte ville. Ce qu'il te sera plus que facile, en
bien gardant ce conseil.

QU'IL FAULT FAIRE, QUAND ON N'A L'EAUE QUE PAR FONTAINES.

Qvand nous sommes contrainctz par nécessité
d'eaue de nous ayder seulement des fontaines, il
nous sera grand besoing de faire garder icelles fontaines et de iour et de nuyct, affin qu'elles ne puissent estre intoxiquées et enuenimées par noz ennemyz, au dommage de nous et de noz gens; ce qui
seroit facile à aduenir, si elles ne estoient en ce son-
gneusement deffendues.

POUR ABUSER NOS ENNEMYS SUR MER.

Si nous enfuyons deuant noz ennemys en la mer,
pourtant que nous ne sommes assez fors pour eulx
et que par iceulx nous soyons viuement suyuiz et
chauldement chassez, et qu'ilz soient ià tant approchéz de nous, qu'il ne reste presque que le combatre, pour les deceuoir, il te sera vtile et de
besoing que tu faces soubdainement demourer ta
nauire ou gallère, sans plus avant faire ramer, faisant semblant de vouloir combatre et dissimulant ta
pensée : touteffois il fault que tes gens soient aduertiz qu'après leur auoir donné signe de s'en aller.
qu'ilz gaignent pays tant qu'ilz pourront, faisans
voile où ils cuydéront estre en seureté, affin que
tes ennemys cuydans estre venuz au combat, laissent
et habandonnent leurs rames et leur équipage
marin, pour prendre et vestir leurs armes et s'ap-

prester pour te choquer : ce que feront diligemment. Mais qvand tu les verras bien arméz et près pour t'assaillir, tu doibs incontinent donner le signe promis et enseigné à tes gens, qui rameront à puissance pour inuestir port au lieu de leur saulueté. Par ce moyen, tu pourras eschapper des mains de tes ennemys, lesquelz chargéz et empeschéz de leurs armes, ne pourront faire si grande diligence à te suyure, comme tu pourras faire à les fuyr et à eschapper d'eulx.

QVAND TON ARMÉE EST EN BIEN GRAND PÉRIL.

Ov que ton armée sera en extrême danger qu'il n'y aura plus ou bien petit d'espérance de se saulner ou d'auoir honneur de la iournée, tu doibs te mettre à pied et commander à tous tes gens de cheual de faire ainsi, se tu vois qu'il soit besoing le faire, affin que le péril d'eulx et de toy soit tout égal, et aussi qu'eulx congnoissans et voyans ton danger et le leur, combatent plus ardamment, et que plus obstinément résistent à la puissance de leurs ennemys, si qu'ilz congnoissent aucune espérance d'eschapper ne leur pouoir estre bonne, mais que tous les fauldra là mourir, sans matter et vaincre leurs ennemys : ce qu'ilz s'efforceront faire pour saulner leur vie de laquelle en ce monde n'est riens plus requis et amyable.

QU'IL FAULT FAIRE, QVAND TES ENNEMYS SONT SI PRÈS QU'IL NE RESTE QUE LES COMBATRE.

Qvand tes ennemys sont si approchéz de toy qu'il ne reste que les combatre, tu doibs promettre à tes gens de guerre les faire tous riches et puissans en biens, si iamais Dieu te donne la grâce de venir au dessus de tes ennemys, en leur remonstrant que c'est le iour que tu doibs vaincre par leur bien faire, et que celluy iour est le dernier de toutes leurs misères, périlz, soing et pauureté, mais qu'ilz facent leur debuoir d'estre vaincueurs et maistres : à quoy ilz tascheront merueilleusement tant pour l'occasion et espérance qu'ilz ont en tes biens que aussi pour estre quittes de tant de maulx, où ilz sont subiectz de si long temps pour faire si longue guerre.

POUR ESMOUUOIR SES ENNEMYS ET LES CONTRAINDRE A VENIR AU COMBAT.

Si tu désires combatre tes ennemys, ou pour quelque vtilité qu'en cela tu cuydes aduenir à ton armée, ou bien contrainct par nécessité, ie te conseille que tu les y incites par large et plantureuse dépopulation et destruction de leurs biens champestres, ou par iniures, reproches et contumélies, par lesquelles irritéz et prouocquéz, souuent tu les pourras attirer et esmouuoir inconsidérément descendre et venir au combat, lequel il te souuiendra iamais ne faire ou consentir, si premièrement tu n'es bien aduerty et seur d'estre plus fort qu'eulx en toutes choses, et aussi qu'ilz ne te pourront nuyre en icelluy conflict par finesses ou par embusches, desquelles tu te doibs garder sur toutes choses. A ceste heure là que tu te sentiras plus aduantageux et qu'ilz ne te peuent nuyre sinon bien petit, tu ne leur doibs iamais reffuser la bataille d'armée contre armée ou de gens à gens.

VNE MANIÈRE D'ALLER A VNG ASSAULT.

En vng assault de ville doibuent principallement estre enuoyéz les souldars qui sont les mieulx arméz, affin de soubtenir mieulx la deffence de leurs ennemys. Car en telle affaire peu y vallent les hommes nudz, pource qu'ilz sont plus tost renuerséz, ce qui donne empeschement merueilleux aux suyuans et craincte et retardement à leurs compaignons. A ceste cause, ie te conseille que tu y enuoyes les mieulx couuers d'armes, et deuant tous ceulx là qui ont corseletz, hallecretz et animes, pour ce que telles armes sont plus malaisées à rompre que la maille. Toutesfois tu regarderas auant que les y enuoyer de leur faire oster leurs cuyssotz ou taffettes, pource que tel acoustrement en ce cas ne sert voluntiers que de empeschement.

DES ARMÉES QU'ON DOIBT PORTER A UN ASSAULT.

Pour autant que toutes armes ne sont propres et conuenantes à porter à vng assault, ie suis d'aduis que ceulx là que tu y enuoyeras ayent sur tout rondelles, pauois ou tarques, pour garder et deffendre les coups d'enhault, qui sont quelquefois si violens

qu'il n'y a si bon armet, cabasset ou morrion qui
ne soit froissé auecques la teste et ceruelle de celluy qui le porte. Pour à quoy obuier sont merueilleusement nécessaires lesdictes rondelles, pauois ou
tarques ; car non seulement on en deffend la teste,
mais aussi générallement tous les autres membres
de l'homme. Quant aux bastons qu'on y doibt porter, hallebardes y sont très-vtiles et très-bonnes plus
beaucoup que pertusannes ou iauelines, pource que
les hallebardes ont poincte et tranchant auecques
deffence et garde, ce que n'ont les iauelines et pertusannes. Toutesfois ie ne vueil dire qu'ilz n'y
soient bons, s'ilz sont accompaignéz de rondeliers,
ce qui leur est nécessaire pour leur deffence et seureté ; ce qui n'est requis du tout à ceulx qui y vont
auecques hallebardes pour les causes dessusdictes,
et qu'ont praticqué ceulx qui se sont souuent
trouuéz en telles affaires.

A JEHANNE DE LONGUEUAL

DIZAIN PAR L'AUTHEUR

Ne plus ne moins que Mars vergongne n'a
De sa Vénus belle et droicte de taille,
Qui l'acompaigne auecques Bellona
Souuentes fois quand il marche en bataille,
Ie n'auray honte, encores qu'on s'en raille,
De te donner entre mes armes place,
(O Longueual) de qui la bonne grâce
D'une amytié loyalle acompaignée
Mérite plus que Vénus, ny l'audace
De Bellona, aux armes enseignée.

Dieu, et non plus.

Fin du Guidon des gens de guerre, imprimé à
Paris pour Galliot du Pré, libraire, Et fut acheué le
quinziesme iour du moys de mars, l'an mil cinq
cens quarante-trois, auant Pasques.

SCEAUX. — IMP. M. ET P.-L. CHARAIRE.

SUPPLÉMENT AU JOURNAL DE LA LIBRAIRIE MILITAIRE

(JUILLET 1878)

PROGRAMME

POUR

L'ADMISSION A L'ÉCOLE MILITAIRE SUPÉRIEURE

EN 1878

Extrait du *Journal militaire officiel*, 1er semestre 1878,
partie supplémentaire, n° 39.

Versailles, le 23 mai 1878.

En vue du concours qui doit s'ouvrir cette année pour l'admission à l'Ecole militaire supérieure, le Ministre de la guerre prévient les officiers désirant s'y préparer que ce concours comprendra :

1° Des épreuves écrites déterminant l'admissibilité ;
2° Des épreuves orales ;
3° Une épreuve d'équitation.

ÉPREUVES ÉCRITES

Les épreuves écrites, au nombre de quatre, auront lieu aux chefs-lieux des corps d'armée ; elles porteront sur les matières ci-après :

5 *heures*. — 1er *jour*.

1° Rapport sur une question militaire, traitée d'après la carte et se rattachant à une des opérations les plus simples, mentionnees dans l'instruction sur les manœuvres de brigade avec cadres du 26 février 1877.

3 *heures*. — 2e *jour*.

2° Analyse ou étude sommaire d'une question d'organisation.

d'administration, de législation ou d'histoire militaire, dans les limites du programme de l'examen oral correspondant.

2 heures. — 2° iour.

3° Traduction en allemand d'un morceau de prose française. (Avec dictionnaire.)

4 heures. — 3ᵉ jour.

4° Croquis topographique à l'échelle de 1/40000 d'après la carte.

Les sujets de ces quatre épreuves seront expédiés du ministère aux commandants des corps d'armée sous des enveloppes cachetées destinées à être ouvertes en présence des candidats.

Les travaux seront corrigés à Paris par la commission supérieure, sans que les noms de leurs auteurs soient connus des correcteurs.

Pour être admissible aux épreuves orales, un candidat devra avoir obtenu la moyenne générale 8 pour les épreuves écrites.

ÉPREUVES ORALES.

Les candidats reconnus admissibles subiront à Paris, devant la commission, quatre examens oraux portant sur les matières ci-après :

1ᵉʳ examen.

Organisation et histoire militaires.
Tactique d'infanterie.

2ᵉ examen.

Tactique de cavalerie.
Législation.
Administration.

3ᵉ examen.

Artillerie.
Fortification.

4ᵉ examen.

Géographie.
Topographie.
Allemand.

Ils seront autorisés à présenter à la commission les travaux militaires qu'ils auraient antérieurement exécutés.

ÉPREUVES D'ÉQUITATION.

Cette épreuve aura également lieu à Paris, devant la commission.

PROGRAMME DES EXAMENS ORAUX.

ORGANISATION ET HISTOIRE MILITAIRES (1).

1° Traits principaux de l'organisation des armées françaises pendant les guerres de 1792 à 1815.

Principe divisionnaire. Son origine. Constitution de la division, unité complète en toutes armes.

Nécessité de composer des unités plus considérables.

Réunion accidentelle de plusieurs divisions sous un seul commandement. Armée du Rhin, de 1800.

Composition des corps d'armée à l'origine. Camp de Boulogne.

Organisation des corps d'armée permanents.

Composition de l'armée allemande dans la guerre de 1870-1871.

Organisation du corps d'armée en France.

2° Campagnes de 1792, 1796, 1798, 1800, 1805, 1806, 1807, 1809, 1812, 1813, 1814, 1815.

---

(1)

Pierron, Les méthodes de guerre. — Conférences faites à l'Ecole supérieure de guerre, en 1876-1877, 2 forts vol. in-18. 12 fr.

Quarré de Verneuil, La France militaire pendant la Révolution (1789-1798), in-8. . . . . 2 fr. 50

Ludinghausen, Les armées allemandes, leur organisation, etc. (campagne de 1870), in-8°. . . . . 6 fr.

Poirot, Tableaux relatifs à la constitution de l'armée allemande (1876), in-8°. 1 fr. 50

Beaugé, Organisation et administration de l'armée, in-8° avec tableaux présentant la composition de corps d'armée, in-8° . . . . 7 fr. 50

Jomini, Guerres de la Révolution, 15 vol. et atlas. . . . . 171 fr.

Vial, Campagnes modernes (1631-1870), 2 vol. in-8°. . . . . 12 fr.

Crossard. Mémoires militaires (1792-1815). 6 vol. in-8°. . . . . 30 fr.

Soult, Ses mémoires (Histoire des guerres de la Révolution), 3 vol. et atlas. 25 fr.

Brunswich, Sa campague contre les Français (1792), in-8°. . . . . 4 fr.

Gay de Vernon, Opérations militaires des généraux en chef Custine et Houchard (1792-1793), in-8°. . . . . 6 fr.

Prince Charles, Principes de stratégie développés par la relation de la campagne de 1796, in-8° et atlas. 20 fr

Campagnes d'Allemagne, d'Italie et de Suisse (1796-97-98). 4 vol. in-8°. 20 fr.

Gouvion-Saint-Cyr, Campagne des armées du Rhin et de Rhin-et-Moselle, 4 vol. et atlas. . . . . 70 fr.

Gouvion-Saint-Cyr, Campagnes sous le Directoire, le Consulat et l'Empire, 4 vol. et atlas. . . . . 60 fr.

Napoléon Ier, Ses commentaires, 6 vol. gr. in-8° avec 31 cartes ou plans de batailles. . . . . 80 fr.

Bulow, Campagne de 1800, in-8° . . . . 3 fr.

Valmy, Campagne de 1800, in-8°. . . . . 5 fr.

Berthier, Relation de la bataille de Marengo, in-8°. . . . . 7 fr. 50

Mathieu-Dumas, Précis des événements militaires :

      —   Campagne de 1801, 2 vol. et atlas. . . . . 15 fr.

      —   Campagne de 1802, 2 vol. et atlas. . . . . 15 fr.

NOTA. — *Les ouvrages signalés ci-dessus se trouvent à la librairie militaire de J. Dumaine.*

Campagne de 1854-1855 en Crimée.
Campagne de 1859 en Italie.
Campagne de 1866 en Italie et en Bohème.
Campagne de 1870-1871.

Nota. — *Les ouvrages signalés ci-dessus se trouvent à la librairie militaire de J. Dumaine.*

TACTIQUE D'INFANTERIE (2).

Tactique de l'infanterie française dans les guerres de la Révolution.

Tirailleurs en grandes bandes.

Retour progressif aux formations régulières.

Tactique des guerres du premier Empire.

Observations du maréchal Bugeaud, relatives à la manière de combattre de l'infanterie dans les guerres de 1805 à 1815.

Principes posés par lui. Rejet des colonnes profondes.

Formations habituelles dans la campagne de 1859, en Italie.

Tactique actuelle de l'infanterie.

Considérations développées dans le rapport au Ministre qui précède le règlement du 12 juin 1875.

Règlement du 12 juin 1875 sur les manœuvres de l'infanterie (1).

(1) Chaque candidat, quelle que soit son arme, aura à répondre à une question sur le règlement du 12 juin 1875 sur les manœuvres de l'infanterie.

Hoffbauer, Opérations de l'artillerie allemande dans les batailles livrées aux environs de Metz, 4 parties, traduction, in-8°. . . . . 21 fr. 50

Gœtze, Opérations du corps du génie allemand (1870-71) traduction, 2 in-8°. . 14 fr.

(2)

Rustow, Tactique générale, traduction, in-8°. . . . . 10 fr.
— Art militaire au XIXᵉ siècle. — Stratégie, etc., traduction, 2 in-8°. 15 fr.
— Art militaire au XIXᵉ siècle. — Etudes stratégiques et tactiques sur les guerres les plus récentes, traduction. — Tome 1ᵉʳ, in-8°. . . . . 7 fr.

Canteloube, Application, à la guerre, des derniers règlements relatifs aux manœuvres d'un bataillon, d'après l'ordonnance de 1791, in-8°. . . . . 3 fr.

Lallemand, Tactique française (1793), in-12. . . . . 2 fr.

Meunier, Evolutions par brigades. Instruction servant de développement aux manœuvres d'infanterie de ligne (1844), in-8°. . . . . 5 fr.

Chambrun, Manœuvres des tirailleurs (1829), in-18. . . . . 2 fr.

Lallemand, Opérations secondaires de la guerre, 2 vol. in-8° et atlas. . . . . 48 fr.

Bugeaud, Instructions et aperçus sur l'art de la guerre, 2 in-18. . . . . 8 fr.
— Conduite de l'infanterie pendant l'action, in-8°. . . . . 1 fr. 25

Lewal, Tactique de mobilisation, tactique de combat, in-8° (épuisé).
— Tactique de marche (épuisé).
— Conférence sur la marche d'un corps d'armée, in-18. . . . . 75 c.
— Tactique positive, in-18. . . . . 75 c.

Berthaut. Des marches et combats : 1ʳᵉ partie, in-18. . . . . 2 fr. 50

Guichard, Tactique —Tome 1ᵉʳ : Armes, unités tactiques, ordres, formations et manœuvres, in-8°. . . . . 4 fr. 50

Guichard, Tactique. — Tome 2 : Positions militaires et application de la fortification au terrain, in-8°. . . . . 4 fr. 50

Guichard, Tactique. — Tome 3 : Tactique de détail, partie technique (infanterie-cavalerie et artillerie), in-8°. . . . . 6 fr 50

Paris, Traité de tactique appliquée, traduction, in-8°. . . . . 7 fr

Verdy du Vernois, Art de conduire les troupes (infanterie). 4 vol. . . . 11 fr. 50

Applications de tactique et de stratégie. — Tome 1ᵉʳ. . . . . 8 fr.
— Tome 2. . . . . 5 fr

Nota. — *Les ouvrages signalés ci-dessus se trouvent à la librairie militaire de J. Dumaine.*

Manuel du tir de l'infanterie.

Instruction sur le service de l'infanterie en campagne (4 octobre 1875).

Instruction sur les manœuvres de brigade avec cadres (26 février 1877).

TACTIQUE DE CAVALERIE (3).

Rapport présenté au Ministre de la guerre par la commission chargée de reviser l'ordonnance du 6 décembre 1829 et le règlement provisoire du 10 août 1871.

Règlement du 17 juillet 1876, sur les exercices de la cavalerie (1).

Instruction sur le service de la cavalerie en campagne (17 février 1875).

Instruction sur le service de la cavalerie éclairant une armée (27 juin 1876).

Instruction sur les manœuvres de brigade avec cadres (24 juin 1877).

Emploi de la cavalerie dans les campagnes de 1805, 1806, 1807, 1809, 1812, 1866, 1870 et pendant la guerre de la sécession.

(1) Chaque candidat, quelle que soit son arme, aura à répondre à une question sur le règlement du 17 juillet 1876, sur les exercices de la cavalerie.

Robert, Exercices d'instruction pratique des cadres, 2ᵉ édit., in-8°. . . . . . 2 fr. 50
Instruction pratique de la compagnie d'infanterie sur le service en campagne et les
    opérations du combat, etc. . . . . 5 fr.
Ortus, Historique du feu de l'infanterie et de son influence sur les formations tac-
    tiques, in-8°. . . . . 4 fr.
Règlement du 12 juin 1875 sur les manœuvres de l'infanterie.
—Titres I et II. — Bases de l'instruction : Ecole du soldat, suivie des exercices d'asson-
    plissement, in-18, 339 pages, édition complète. . . . . 75 c
—Le même, sans le rapport au ministre. in-18. . . . . 60 c.
—Titre III. — Ecole de compagnie, in-18. . . . . 60 c.
—Titre IV. — Ecole de bataillon, in-18. . . . . 75 c.
—Titre V. — Ecole de brigade, in-18. . . . . ' . . . . 1 fr. 25
Instruction pratique sur le service de l'infanterie en campagne, 4 oct 1875, in-18. 75 c,
Manuel de l'instructeur de tir, approuvé par le ministre de la guerre, le 12 fév. 1877.
    in-18. . . . . 1 fr. 50
Instruction sur les manœuvres de brigade avec cadres (infanterie), in-18. . . . 25 c.
(3)
Décret du 17 juillet 1876, portant règlement sur les exercices de la cavalerie (Rapport.
    —Bases de l'instruction. — Ecole du cavalier. — Ecole du peloton. — Ecole de l'esca-
    dron. — Ecole du régiment. — Corps de cavalerie), in-18. . . . . 3 fr.
Instruction pratique sur le service de la cavalerie en campagne ; approuvée le 17 fév. 1875,
    in-18. . . . . 1 fr.
Instruction sur le service de la cavalerie éclairant une armée, approuvée le 27 juin 1876.
    in-18. . . . . 25 c.
Instruction provisoire sur les manœuvres de brigade avec cadres (cavalerie). in-18. 25 c.
Brack, Avant-postes de cavalerie légère, in-18. . . . . 4 fr.
Histoire critique des exploits et vicissitudes de la cavalerie pendant les guerres de la
    Révolution et de l'Empire, traduction, 2 in-8°. . . . . 10 fr.

NOTA. — *Les ouvrages signalés ci-dessus se trouvent à la librairie militaire de
J. Dumaine.*

ARTILLERIE.

1º PARTIE TECHNIQUE (4).

Notions générales de balistique.

Lois du mouvement et trajectoire des projectiles dans le vide.
Lois de la résistance de l'air.
Lois du mouvement et trajectoire dans l'air :
1º Des projectiles sphériques ;
2º Des projectiles oblongs ;
Comparaison des trajectoires dans le vide et des trajectoires dans l'air.
Rayures des armes à feu.
Etablissements des tables de tir ; détermination des hausses.
Etude de l'explosion d'une charge :
1º Dans un projectile creux ;
2º Dans un canon.
Propriétés des charges vives, des charges lentes et progressives.
Application au chargement des projectiles creux et des armes.

Corps explosifs.

Fabrication de la poudre de guerre. Epreuves de réception. Conservation. Transport.
Dynamite. Son emploi.

Etudes sur la cavalerie de la Grande-armée (campagne de 1805 et 1806), in-18. *épuisé.*
D'Audlau, De la cavalerie dans le passé et dans l'avenir (conférence), in-18. 75 c.
Charreyron, Conférence sur l'emploi de la cavalerie en Allemagne pendant la campagne de 1866. . . . . 30 c.
Schauenburg, De l'emploi de la cavalerie à la guerre, in-8º et atlas. . . . . 15 fr.
Verdy du Vernois, Un voyage manœuvre de cavalerie. in-18. . . . . . . 2 fr. 50
— Art de conduire les troupes (cavalerie), 3 vol.. . . . 10 fr. 50
Schmidt, Instructions relatives à l'instruction, l'éducation, l'emploi et la conduite de la cavalerie, traduction, 2 vol. in-18 . . . . 7 fr.
Roth de Schreckenstein, Conférences sur le service de sûreté en campagne, tactique, etc (cavalerie), traduction, in-8º.. . . . . 3 fr. 50
Augey-Dufresse, Service de la cavalerie en campagne, in-8º. . . . . 2 fr.
Cherfils, Trois journées d'exploration par une division de cavalerie, in-12. 1 fr. 25
Thomas, Emploi de la cavalerie en campagne, in-8º. . . . . 1 fr.

(4)
Plessix, Nouveau cours spécial d'artillerie, fort. vol. in-12, 82 planches. . . . 7 fr.
Cohadou, Cours élémentaire d'artillerie, in-8º.. . . . . 5 fr.
Petit cours spécial d'artillerie, rédigé sous forme de questionnaire, in-32. . . 2 fr.
De France, Conférences sur l'artillerie, in-8º. . . . . 4 fr.
Sebert, Aide-mémoire de balistique expérimentale, in-8º. . . . . 3 fr.
Le Boulengé, Etudes de balistique expérimentale. in-8º. . . . . 4 fr.
Hélie, Traité de balistique, in-8º.. . . . . 12 fr.
Tilly, Balistique, in-12. . . . . 4 fr.
Brull, Etudes sur la nitro-glycérine et la dynamite, in-8º.. . . . . 2 fr.

Nota. — *Les ouvrages signalés ci-dessus se trouvent à la librairie militaire de* J. Dumaine.

Armes à feu portatives.

Historique des transformations des armes à feu portatives.
Etude des fusils modèles 1866 et 1874 ; balle et cartouche.
Description des fusils en usage dans les armées étrangères : Allemagne, Russie, Hollande, Suisse et Italie, Autriche, Suède et Norvége, Belgique, Bavière, Angleterre.

Description du revolver modèle 1873.

Armes blanches.

Divers modèles d'armes blanches en service dans l'armée française.

Bouches à feu.

Généralités sur les bouches à feu.
Etude des bouches à feu actuellement en service dans l'armée française : pour la guerre de campagne, de montagne, de siége ; pour la défense des places et des côtes.

Projectiles.

Projectiles en usage dans l'armée française : pour la guerre de campagne, pour la guerre de siége, pour la défense des places et des côtes.
Effets des projectiles contre les divers obstacles.
Munitions des bouches à feu.
Artifices de guerre. Fusées percutantes et fusées fusantes. Fusées de guerre. Artifices incendiaires.

Affûts.

Généralités sur les affûts.
Etude des affûts en service dans l'armée française : affûts de campagne, de siége, de place, de côtes.

Champion, La dynamite et la nitro-glycérine, in-12 . . . . 4 fr.
Libioulle, Les nouvelles armes à feu portatives, in-8° . . . . 10 fr.
Armes portatives (Les) :
—En France (fusil modèle 1874), in-8° . . . . 2 fr.
—En Allemagne-Bavière (système Werder), in-8° . . . . 4 fr. 50
—En Prusse (système Mauser) . . . . 2 fr.
—En Autriche-Hongrie (fusil Verndl), in-8° . . . . 2 fr.
—En Russie (fusil Krink, fusil Berdan), in-8° . . . . 2 fr.
Instruction sur la nomenclature, le démontage, le remontage, etc., du revolver, modèle 1873 . . . . 30 c.
Armes blanches. — Bouches à feu. — Projectiles. — Affûts, etc. Voy. Plessix.
Aide-mémoire à l'usage des officiers d'infanterie et de cavalerie (équipages militaires), in-18 . . . . 2 fr.

Nota. — *Les ouvrages signalés ci-dessus se trouvent à la librairie militaire de J. Dumaine.*

Voitures d'artillerie.

Généralités sur les voitures d'artillerie.

Voitures de campagne. Transport des munitions : aménagement des coffres pour munitions d'artillerie et pour munitions d'infanterie.

Voitures en usage dans les parcs de siége et dans les places.

Equipages de ponts de bateaux de l'armée française.

Généralités sur les ponts à supports flottants.

Matériel des équipages de ponts.

Etablissements des ponts de bateaux.

Ponts sur bateaux du commerce et sur flotteurs quelconques improvisés.

Mesures à prendre pour la conservation des ponts.

Destruction des ponts de l'ennemi.

Construction des batteries.

Construction des batteries de siége et de place.

Epaulements de campagne.

2° PARTIE TACTIQUE (5).

Notions sommaires sur le service des bouches à feu de campagne. (Règlement du 19 février 1875.)

Notions sommaires sur le service des bouches à feu de siége et de place. (Règlement du 17 avril 1869.)

De la batterie, unité tactique de l'artillerie de campagne.

Cours spécial sur les ponts militaires et le passage des rivières, in-18. . . .   2 fr,
Meurdra, Ponts militaires et passages des rivières, in-8°. . . . .   8 fr.
Manuel à l'usage des officiers d'artillerie.—Construction des batteries, in-18.   50 c.
(5)
Règlement sur le service des bouches à feu, approuvé par le ministre de la guerre. 19 février 1875 :
1re partie : canons de 5 et de 7, 1 vol. in-18. . . . .   75 c
2e partie : service du canon à balles 1 vol. in-18. . . . .   75 c.
Règlement provisoire sur le service des canons de 80 et 90 millimètres, approuvé le 2 avril 1878, 1 vol. in-18. . . . .   50 c.
Règlement sur le service des bouches à feu, approuvé par le ministre de la guerre, le 17 avril 1869, 3 vol. in-18. . . . .   4 fr. 60
—Tome Ier. — Titres I et II : Service des bouches à feu sur affûts de campagne. — Service du canon de 4 rayé de montagne. . . . .   4 fr. 30
—Tome II. — Titres III, IV, V, VI : Service des bouches à feu sur affûts de siege, — sur affûts de place, — sur affûts de côte. — Service de mortiers. . . . . .   4 fr. 30
—Tome III. — Titre VII : Mouvement du matériel. . . . .   2 fr.
Addition au titre V du règlement du 17 avril 1869 sur le service des bouches à feu, approuvée le 16 août 1875, canons de 12 et de 19 et obusier de 22 1 vol. in-18. 4 fr.

NOTA. — *Les ouvrages signalés ci-dessus se trouvent à la librairie militaire de* J. Dumaine.

Règlement du 12 juin 1863 sur les manœuvres de batteries attelées, modifié par la décision ministérielle du 22 avril 1873 (1).

FORTIFICATION (6).

1º *Fortification passagère.*

Discussion du profil d'un retranchement.

Etude des formes d'ouvrages le plus généralement employées :

1º Ouvrages ouverts à la gorge ;

2º Ouvrages fermés.

Organisation intérieure des ouvrages. Traverses contre le tir plongeant de l'artillerie. Magasins et abris. Réduits : réduits en terre, réduits en palanques, blockhaus.

Objet des défenses accessoires, principales de ces défenses.

Défilement des ouvrages.

Construction d'un ouvrage sur le terrain, son défilement, son profilement. Disposition des ateliers. Mode d'exécution du travail. Revêtement des talus.

Lignes continues ; leur tracé, leurs avantages et leurs inconvénients. Réduits en arrière des lignes continues. Lignes à intervalles ; leur tracé.

Fortification improvisée ou de combat. Divers profils d'ouvrages improvisés. Retranchements expéditifs, tranchées-abris.

Têtes de pont ; leur tracé. Réduit de la tête de pont.

Emploi des eaux pour la défense.

(1) Chaque candidat, quelle que soit son arme, aura à répondre à une question sur le règlement du 12 juin 1863 sur les manœuvres de batteries attelées, modifié par décision ministérielle du 22 avril 1873.

Addition au règlement du 17 avril 1869 sur le service des bouches à feu.—Service du canon de 138 millimètres, in-18. . . . . 50 c.

Règlement sur les manœuvres et les évolutions des batteries attelées, approuvé le 12 juin 1863, 2 vol. in-32. . . . . 2 fr.

—Tome Ier. — Bases de l'instruction. — Ecole du canonnier-conducteur. — Ecole de section, in-32 cartonné. . . . . 1 fr.

—Tome II.—Ecole de batterie.—Evolutions de batteries attelées, in-32 cartonné 1 fr.

Modifications provisoires au règlement du 12 juin 1863, sur les manœuvres et évolutions des batteries attelées, in-32. . . . . 50 c.

Règlement sur le service de l'artillerie de montagne, approuvé par le ministre de la guerre. 1 vol. in-18. . . . . 1 fr 50

Instruction provisoire sur le service de l'artillerie en campagne, approuvée le 20 avril 1876. Broch. in-18. . . . . 30 c.

Instruction sur le service de l'artillerie dans un siége, approuvée le 17 mai 1876, Broch. in-18 de 72 pages. . . . . 50 c.

(6)

Hardy, Conférences sur la fortification, in-8º. . . . . 3 fr.

 — Travaux de campagne de l'infanterie, in-18. . . . . 2 fr.

Travaux de campagne : Résumé des conférences faites à l'école du génie de Versailles, in-12. . . . . 4 fr.

Notes sur la fortification rapide, in-8º. 1 fr.

Nota. — *Les ouvrages signalés ci-dessus se trouvent à la librairie militaire de J. Dumaine.*

Mise en état de défense des lieux habités. Organisation défensive d'une forêt, d'un bouquet de bois, d'un mur de clôture, d'une maison isolée, d'une ferme, d'un château, d'un village.

Attaque et défense des retranchements.

2° *Fortification permanente.*

Objet de la fortification permanente, et conditions qu'elle doit remplir.

Description raisonnée de l'ancien profil.

Etude du tracé bastionné. Tracé de l'enceinte. Des dehors. Des retranchements intérieurs. Des ouvrages avancés. Des ouvrages détachés.

Tracés de Vauban et de Cormontaingne.

Des abris voûtés : casemates, magasins de batteries, abris sous les parapets.

Des communications.

Défenses accessoires des places. Parti qu'on peut tirer de la présence des eaux pour augmenter la résistance des places fortes. Inondations. Manœuvres d'eau dans les fossés.

De l'emploi des mines comme moyen défensif.

QUESTIONS DE LÉGISLATION MILITAIRE (7).

Loi de recrutement, du 27 juillet 1872.

Loi d'organisation générale de l'armée, du 24 juillet 1873.

Loi du 13 mars 1875, relative à la constitution des cadres et des effectifs.

Loi du 3 juillet 1877, sur les réquisitions militaires et décret du

Brialmont, Fortification du champ de bataille (Sous presse).

—   Fortification improvisée, in-18. . . . . 3 fr. 50

Brunner, Guide pour l'enseignement de la fortification de campagne, in-8° et atlas. 9 fr.

Girard, Fortification de campagne. — Applications, in-8°. . . . . 8 fr.

—   Fortification passagère, 2 in-8° et atlas. . . . . 20 fr.

Brunner, Fortification permanente, 4 in-8° et atlas. . . . . 9 fr.

Brialmont, Fortification à fossés secs, 2 in-8° et atlas. . . . . 45 fr.

Prévost, Etudes historiques sur la fortification; in-8°. . . . . 7 fr. 50

Cosseron de Villenoisy, Essai historique sur la fortification, in-8° et atlas. 40 fr.

Vauban, Attaque et défense des places, 2 vol. et atlas. . . . . 24 fr.

Cormontaigne (Œuvres de), 3 vol. in-8. . . . . 27 fr.

Brunner, Guide pour l'enseignement de la guerre de siége (Attaque et défense des places), in-8°. . . . . 4 fr.

Rathéau, Attaque et défense des places, in-8° et atlas. . . . . 45 fr.

Mollik, Attaque d'une place forte, in-8°. . . . . 4 fr.

—   Défense d'une place forte, in-8°. . . . . 4 fr.

(7)

Le Faure, Les lois militaires de la France, in-8°. . . . . 9 fr.

Code-Manuel du recrutement. — Textes officiels annotés. . . . . 9 fr.

NOTA. — *Les ouvrages signalés ci-dessus se trouvent à la librairie militaire de J. Dumaine.*

2 août 1877 portant règlement d'administration publique pour l'exécution de ladite loi.

Loi sur l'avancement.

Loi sur l'état des officiers.

ADMINISTRATION MILITAIRE (8).

Administration et comptabilité des corps de troupes. — Organisation des conseils d'administration dans les corps de troupes. Agents des conseils; leur responsabilité.

Immatriculation des hommes et des chevaux. Registres matricules.

Recettes et dépenses faites par les corps de troupe. Fonds du conseil. Fonds du trésorier. Registres de la comptabilité en deniers; comptes à produire.

De l'habillement dans les corps de troupe. Effet de 1re et de 2e catégorie; grand et petit équipement. Distributions, réparations, réintégrations. Registres de la comptabilité de l'habillement; comptes à produire.

De l'armement dans les corps de troupe. Distributions. Réparations et entretien.

Effets de campement.

Administration des compagnies, escadrons et batteries.

Livret matricule et livret individuel. Registre de comptabilité trimestrielle. Payement de la solde: feuilles de prêt. Perception des prestations en nature, vivres, fourrages, chauffage.

Des ordinaires. Recettes et dépenses de l'ordinaire. Du livret d'ordinaire. Commission des ordinaires; ses opérations.

Manuel des conseils de révision par un capitaine du recrutement. . . . . . .   5 fr.
Loi du 27 juillet 1872. — Recrutement. . . . .   40 c.
Loi du 24 juillet 1873. — Organisation . . . .   75 c
Loi du 13 mars 1875. — Constitution des cadres. . . . .   1 fr 25
Loi du 3 juillet 1877, et décret du 2 août, — Réquisitions. . . . .   1 fr.
(8)
Ordonnance du 10 mai 1844, portant règlement sur l'administration et la comptabilité des corps de troupe, modifiée et annotée par G. Durand, adjudant d'administration, (janvier 1877), in-8°. . . . .   3 fr. 50
Charbonneau, Recueil administratif à l'usage des corps de troupes, in-4°. . .   15 fr.
Beaugé, Manuel de législation, d'administration et de comptabilité militaires, in-12. . . . .   *Epuisé.*
Delaperrierre, Cours de législation et d'administration militaires. 4 vol. . .   24 fr.
— le 2e appendice se vend séparément. . . . .   2 fr.
Décret du 7 août 1875; Instruction du 11 septembre 1875; Instruction du 28 octobre 1875; — Modèles, in-fol. . . . .   *Epuisé.*
Règlement du 1er mars 1854 sur l'entretien et la conservation des armes, nouvelle édition in-18. . . . .   *Epuisé*
Ordonnance du 25 décembre 1837 sur la solde, in-8° avec supplément. . . .   5 fr.
Décret du 25 décembre 1875. — Révision des tarifs de solde, in-8°. . . . .   2 fr. 50
Règlement sur le service des subsistances, 2 vol. . . . .   10 fr.

NOTA. — *Les ouvrages signalés ci-dessus se trouvent à la librairie militaire de J. Dumaine.*

Service de la solde. — Positions ouvrant des droits divers à la solde. Accessoires de la solde ; hautes-payes, indemnités.

Des masses. Masse individuelle ; ses recettes et ses dépenses ; feuille de décompte. Masse générale d'entretien. Masse d'entretien du harnachement et ferrage. Masse d'entretien des équipages régimentaires.

Constatations des droits à la solde. Contrôles ; revue d'effectif.

Règlement des comptes du service de la solde. Feuilles de journées. Revues générales de liquidation.

Service des subsistances militaires. — Composition de la ration journalière du soldat. Des distributions ; bons de distribution ; contestations en cas de distribution.

Des vivres remboursables.

Service du logement. — Casernement : locaux, mobilier.
Dégradations au casernement
Lits militaires. Distributions, réintégrations, dégradations.
Blanchissage du linge de la troupe.
Du logement chez l'habitant, en marche.

Service hospitalier. — Infirmeries régimentaires ; leur fonctionnement.

Personnel du service des hopitaux.

Opérations auxquelles donnent lieu l'entrée d'un homme à l'hôpital et sa sortie de l'hôpital.

Service de marche. — Frais de route des militaires isolés.
Feuilles de route. Mandats d'indemnité.
Service des convois.

GÉOGRAPHIE (9).

1° *France.*

Géographie physique. Limites. Orographie. Hydrographie. Description des côtes.

Voies de communication. Routes des Vosges, du Jura, des

Règlement sur le service du casernement, in-8°. . . . . 5 fr.
Service des lits militaires et règlement sur le couchage des troupes (2 oct. 1865). in-8°. . . . . 4 fr.
Règlement sur le service de santé, 1 vol. . . . . 5 fr.
Décret du 12 juin 1867, portant règlement sur le service des frais de route, etc.. in-8°. . . . . 3 frs
Règlement général du 1er juillet 1874, modifié par décret du 27 juillet 1877, pour le transports militaires par chemins de fer. — Guerre et marine, in-8°. . . . 3 fr. 50
Service des étapes en deçà de la base d'opérations, in-18. . . . . 85 c.
(9)
Reclus, Géographie universelle : 1. Europe méridionale . . . . 30 fr.
   —   —   —   II. France, in-8°. . . . . 30 fr.
   —   —   —   III. Europe centrale.. . . . . 30 fr.

NOTA. — *Les ouvrages signalés ci-dessus se trouvent à la librairie militaire de J. Dumaine.*

Alpes et des Pyrénées. Rivières navigables. Canaux. Principaux chemins de fer.

Statistique militaire : régions de corps d'armée ; principaux établissements militaires, écoles, camps d'instruction, arsenaux, fonderies, manufactures d'armes, poudreries, dépôts de remonte, magasins généraux, etc.

Description générale des colonies françaises, et plus particulièrement de l'Algérie.

2° *Europe.*

Géographie générale de l'Allemagne, de la Russie (frontière occidentale), de l'Autriche-Hongrie, de l'Italie, de la Hollande, de la Belgique, de la Suisse, de la Turquie, de l'Espagne (bassin de l'Ebre).

TOPOGRAPHIE (10).

Lecture des cartes. Echelles. Signes conventionnels. Représentations des formes du terrain par la méthode des courbes horizontales et par celles des lignes de plus grande pente.

Emploi de la carte.

Levés réguliers. Planimétrie, instruments en usage.

Levés réguliers. Nivellement, instruments en usage.

Levés irréguliers. Levés expédiés. Levés à vue. Itinéraires. Instruments à employer pour la planimétrie et le nivellement.

Reconnaissances.

Pichat, Géographie du bassin du Rhin, in-8°. . . . . 6 fr.
Vuillemain, Cartes des bassins de la France et de l'Europe centrale, 8 feuilles coloriées; in-4°. . . . . 6 fr.
Sironi, Géographie stratégique, in-8°. . . . . 7 fr. 50
Rudtorffer, Géographie militaire de l'Europe, 1847, 2 vol. in-8°. . . . . . . 10 fr.
Ruhière, Géographie militaire de l'Allemagne, in-12. . . . . 3 fr. 50
Lavallée, Géographie, in-12.. 3 fr. 50
Niox, Géographie militaire : Notions de géologie, 2e édit., in-12. . . . . 3 fr.
— Géographie militaire : France, 1er fascicule, in-12. . . . . 2 fr. 50
— Carte de la France et des pays voisins pour l'étude de la géographie physique et militaire, 1,600,000, carte complète, 4 feuille. . . . . 6 fr.
— Carte orohydrographique écrite. . . . . , ... 3 fr. 50
— Carte orohydrographique muette. . . . . 2 fr. 50
— Carte hydrographique. . . . . 4 fr. 50
Clerc, Esquisses orographiques : Introduction à la géographie géologique de la France, in-8°. . . . . 3 fr. 75
Quijano y Arroquia, La guerre et la géologie, in-8°. . . . . 7 fr. 50
Stieler's, Atlas complet de géographie, in-fol. . . . . 90 fr.
Lavallée et Bureau, Atlas de géographie militaire, in-fol. . . . . 30 fr.
(10)
Rouby, Instruction élémentaire sur la topographie, 2e édit., in-12. . . . . . . 4 fr.
Poirot, Cours de topographie, in-12. . . . . 4 fr.
Bertrand, Traité de topographie, in-8°. . . . . 8 fr.
Salneuve, Cours de topographie et de géodésie, in-8°. . . . . 10 fr.

NOTA. — *Les ouvrages signalés ci-dessus se trouvent à la librairie militaire de J. Dumaine.*

ALLEMAND (11).

Les candidats auront à traduire à la lecture de l'allemand en français, à traduire au tableau du français en allemand. Ils devront pouvoir lire et écrire correctement l'allemand et échanger avec le professeur quelques phrases simples de conversation.

Il leur sera tenu compte dans la note d'aptitude générale des autres langues étrangères qu'ils posséderont.

———

Les officiers candidats devront réunir les conditions d'âge, de grade et d'ancienneté de grade spécifiées dans l'article 2, dans les 1er et 2e paragraphes de l'article 3 et dans l'article 4 du décret du 18 février 1876, portant institution de cours militaires spéciaux, articles et paragraphes ainsi conçus :

« Art. 2. — Seront admis, par voie de concours, à suivre cet enseignement, des lieutenants et capitaines de toutes armes, dans les proportions qui seront déterminées par le Ministre de la guerre.

« Art. 3. — Les conditions d'admission sont les suivantes :

« 1° Pour les lieutenants : avoir, au 31 décembre de l'année du concours, moins de vingt-huit ans d'âge et au moins quatre ans de grade d'officier, dont deux dans les troupes ;

« 2° Pour les capitaines, avoir moins de trente-deux ans d'âge à la même date.

« Art. 4. — Des lieutenants et capitaines de l'armée de mer, désignés par le Ministre de la marine, pourront être admis à ces cours, dans les mêmes conditions que les officiers de l'armée de terre, et après avoir justifié de leur capacité en prenant part aux épreuves du concours. »

Les conditions dans lesquelles les demandes des officiers candidats devront être produites, examinées, puis transmises au Ministre de la guerre, ainsi que la date fixée pour l'ouverture du concours, seront notifiées ultérieurement.

———

Langlois et **Termonia**, Traité élémentaire de topographie et de reconnaissances militaires, in-8° et atlas. . . . . 8 fr.
Chatelain, Traité des reconnaissances militaires, 2 vol. in-8°. . . . . 18 fr.
Maës et **Haunot**, Traité de topographie et de reproduction des cartes, in-8° et atlas. . . . . 12 fr.
(11)
Minssen, Termes, sujets et dialogues militaires en français et en allemand, in-18. . . . . 2 fr. 25
Minssen, Lectures militaires allemandes, etc., in-12. . . . . 4 fr.
Ribbentrop, Vocabulaire militaire français-allemand, in-12. . . . . 4 fr. 60
Levy et **Foucher**. Das Heerwesen. — De l'armée. Texte allemand-français, in-18. . . . . 4 fr. 50

NOTA. — *Les ouvrages signalés ci-dessus se trouvent à la librairie militaire de J. Dumaine.*

N° 126. *Décret portant création d'une École militaire supérieure.*

Versailles, le 15 juin 1878.

Le Président de la République française,

Vu la loi du 13 mars 1875, relative à la constitution des cadres et des effectifs de l'armée active et de l'armée territoriale ;

Vu le décret du 18 février 1876, portant institution de cours militaires spéciaux ;

Décrète :

Art. 1er. Il est créé une École militaire supérieure destinée à développer les hautes études militaires dans l'armée.

Art. 2. Les cours militaires spéciaux institués par le décret du 18 février 1876 constituent l'enseignement donné dans ladite école.

Art. 3. Les officiers admis en 1876 et 1877 à suivre les cours militaires spéciaux formeront les premières promotions de l'École militaire supérieure.

Art. 4. Le Ministre fixera, chaque année, les conditions du concours.

Art. 5. Le personnel du cadre de l'Ecole militaire supérieure est composé ainsi qu'il est indiqué dans le tableau annexé au présent décret.

Art. 6. Le personnel militaire attaché à l'Ecole et appartenant aux armes de l'infanterie et de la cavalerie, est compté en dehors des cadres des corps de troupe. Le personnel de cette même Ecole appartenant à l'artillerie, au génie, aux corps d'état-major et aux corps administratifs, est compté numériquement dans le cadre constitutif de ces services.

Art. 7. La commission instituée par décision présidentielle du 19 mai 1874 pour etudier les bases d'organisation d'une Ecole militaire supérieure, constitue le conseil de perfectionnement de ladite Ecole.

Art. 8. Le Ministre de la guerre est chargé de l'exécution du présent décret.

Fait à Versailles, le 15 juin 1878.

Signé : Mal DE MAC-MAHON.

Nota. — *L'état présentant la composition de l'École militaire supérieure est inséré au n° 26 (partie réglementaire) du* Journal militaire officiel.